1. Gedanken zur Einführung

Übergang *Kindergarten – Schule* bzw. *Vorschulklasse – 1. Klasse*

„Jedes Kind lernt anders und wendet unterschiedliche Strategien an – die einen lernen am besten durch Ausprobieren, die anderen planen ihr Vorgehen usw. Ziel sollte es sein, dass das Kind die Verantwortung für sein Lernen selbst übernimmt." *(Portfolios im Kindergarten. Das schwedische Modell; Göran Krok, Maria Lindewald, Verlag an der Ruhr 2007, S. 19)*

➲ BRÜCKE
Diese Mappe kann eine gute Brücke für den Übergang zur Schule / in die 1. Klasse sein. Die Arbeitsergebnisse dieser Mappe zeigen die individuellen Stärken und Vorlieben jedes Kindes. Für PädagogInnen ist es ein Leichtes, die Kinder dort abzuholen, wo sie stehen, bzw. daran anzuknüpfen.

➲ LERNEN
Das Lernen der Kinder ist ein ganzheitlicher Vorgang, an dem alle Sinne beteiligt sind, diese Unterlagen bieten Beispiele aus allen Sinnesbereichen. Es werden alle Sinne angeregt und gefördert, die die Grundlagen für das Lesen, Schreiben und Rechnen sind. „Lernerfahrungen, die in der frühen Kindheit gemacht werden, prägen alle weiteren Bildungswege des Kindes. Auch „Lerngefühle" werden in der frühen Kindheit mitgelernt. Deswegen muss größte Sorgfalt darauf verwendet werden, dass Kinder in einer Atmosphäre aufwachsen, in der sie das Gefühl bekommen, fähige und selbstsichere Lernende zu sein." *(Bildungs- und Lerngeschichten. Bildungsprozesse in früher Kindheit beobachten, dokumentieren und unterstützen, verlag das netz, Kiliansroda, 2. Auflage 2007, S. 40)*

➲ KIND
Das Kind steht im Mittelpunkt aller Arbeiten. Die Mappe bietet viele Anregungen, um die großen Potentiale und Anlagen des Kindes zu entfalten. Ausgangspunkt aller Arbeiten ist immer der individuelle Entwicklungsstand des Kindes.

➲ ZIELE
Konkrete und leicht verständliche Ziele aus den wichtigsten körperlichen, sozialen und kognitiven Bereichen weisen auf jene Kompetenzen hin, die Schulreife definieren können. Diese normativen Vorgaben sollen helfen, die für die Erreichung der Bildungsziele erforderlichen Grundlagen umzusetzen. Sie erheben keinesfalls einen Anspruch auf Vollständigkeit. Es sind klar festgelegte Formulierungsvorschläge, die eine individuelle Feinabstimmung jederzeit ermöglichen (neue Formulierungen in die leeren Zeilen schreiben bzw. Feinziele auf den Dokumentationsblättern anführen). Die Erreichung der Ziele erfolgt auf dem individuellen Weg jedes einzelnen Kindes, diese Unterschiede sollen auch unbedingt sichtbar werden.

➲ BEGLEITUNG
Die Pädagogin leistet Hilfestellung, wenn es gewünscht wird und nötig ist. Sie soll vor allem das Kind zur eigenen Weiterentwicklung anregen. Die Lernschritte sollten keinesfalls vorgegeben werden. Die Versuche des Kindes, die gefundenen Strategien sollten mit dem Kind besprochen werden.
Die Pädagogin schreibt die „Kannformulierung" auf das Dokumentationsblatt sowie wichtige Kommentare und Erläuterung. Sie hilft dem Kind beim Formulieren eigener Ziele und schreibt sie auf.

➲ RÜCKMELDUNG
Es ist wichtig, dem Kind Rückmeldungen über seine Zielerreichung zu geben. Je nach Belieben können kleine Sticker, Hakerl, gezeichnete Sonnen, Punkte ... im Kästchen zeigen, dass das Ziel erreicht wurde. Man kann natürlich durch die Darstellung des Symbols auch eine Wertung der Zielerreichung anführen. Das Kind muss aber Bescheid wissen, welche Bedeutung das Zeichen, das Hakerl ... hat. Es kann jederzeit ein schriftlicher Kommentar (nur positive Aussagen) angeführt werden. Das Einordnen des Zielblattes in die Mappe des Kindes wird anfangs von der Pädagogin erledigt.

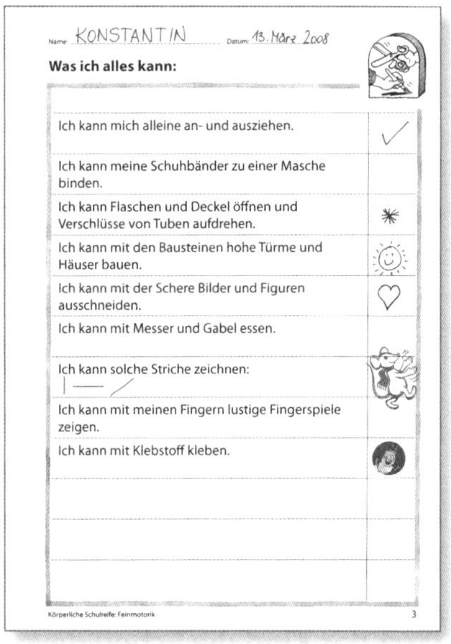
Name: KONSTANTIN Datum: 13. März 2008

Was ich alles kann:

Ich kann mich alleine an- und ausziehen.	✓
Ich kann meine Schuhbänder zu einer Masche binden.	
Ich kann Flaschen und Deckel öffnen und Verschlüsse von Tuben aufdrehen.	*
Ich kann mit den Bausteinen hohe Türme und Häuser bauen.	
Ich kann mit der Schere Bilder und Figuren ausschneiden.	♡
Ich kann mit Messer und Gabel essen.	
Ich kann solche Striche zeichnen: | — /	
Ich kann mit meinen Fingern lustige Fingerspiele zeigen.	
Ich kann mit Klebstoff kleben.	

Körperliche Schulreife: Feinmotorik 3

➲ SOZIALES
Es ist die Aufgabe, soziale Situationen zu schaffen, die das Erreichen der eigenen Ziele der Kinder fördern. Das Angebot von spontanen und zweckfreien Spielen regt zum sozialen Miteinander an und unterstützt die soziale Entwicklung des Kindes. Fotos, Videos, Interviews über den Spielverlauf eignen sich besonders gut für die Dokumentaion.

c) Arbeit der Kinder

➲ MAPPE
Vorerst muss das Kind seine Mappe außen gestalten, ein Bild von sich malen oder fotografieren und aufkleben. Die Kopiervorlage auf der letzten Seite kann dafür verwendet werden (mit Buch-Einbinde-Folie auf die Mappe kleben). Der Rücken der Mappe sollte mit dem Namen des Kindes oder seinem Symbol gut sichtbar gekennzeichnet werden. Die Mappe soll auch immer vom Kind weggeräumt und geholt werden.

➲ ZIELE
Das Kind kennt einige Ziele auf den Arbeitsblättern (Zeichnungen in den Ecken, hat sich bestimmte Signalwörter bereits gemerkt ...) und kann auch die Symbole für den jeweiligen Bereich gut erklären. Es hat aber jederzeit die Möglichkeit, sich das Ziel noch einmal vorlesen zu lassen. Es arbeitet auf das Ziel hin und erlebt Erfolg und Misserfolg. Es hat genug Zeit, um auszuprobieren, wie ihm diese Übung am besten gelingt. Es kann sich auch selber neue Ziele setzen und bitten, dass diese eingetragen werden. Im Vordergrund stehen immer die persönlichen Interessen des Kindes. Es soll erklären, was es wie gemacht hat (Reflexion!). So übernimmt es die Verantwortung für sein Tun und erkennt rasch, welche Strategien zum Erfolg führen.

➲ ICH
Ich kann ..., Ich bin stolz auf ... – die Stärken des Kindes stehen im Vordergrund und das Kind erlebt sich als erfolgreich. Das Selbstvertrauen des Kindes wächst und spornt an, neue Ziele werden angepeilt.

➲ LERNEN
So macht Lernen Spaß. Schule und Lernen sind eng mit einander verbunden. Das Kind hat Freude an dieser Art von Lernen, es freut sich auch auf die Schule, „wo immer gelernt wird".

d) Dokumentieren, sammeln und sortieren

➲ DOKUMENTIEREN
Man kann auf verschiedenste Art und Weise etwas dokumentieren (Hinweise bei den Übungvorschlägen), es soll aber immer dem Kind überlassen sein, welche Form der Dokumentation es wählt. Nach und nach muss auch das Dokumentieren möglichst selbständig erfolgen, das heißt, das Kind setzt die vorhandenen Medien selbstständig ein und erlangt so Medienkompetenz. Zeichnungen passen fast immer und zeigen die individuelle Bildsprache des Kindes. Eine ausgewogene Mischung aus bildlichen und schriftlichen Arbeitsergebnissen wäre das Ziel.

➲ SAMMELN
Vorerst werden alle dokumentierten Arbeitsergebnisse gesammelt. Die Aufmerksamkeit des Kindes richtet sich darauf: „Ich sammle und beweise alles, was ich kann." Die Aufbewahrung erfolgt in der vorgesehenen Mappe oder Schachtel. Dies ist schon eine Vorform des wissenschaftlichen Arbeitens.

➲ SORTIEREN
Je nach Belieben können bereits in der Sammelphase, vor oder nach der Präsentation die Arbeiten sortiert werden. Die Symbole auf den Kopiervorlagen erleichtern diese Arbeit. Es soll aber immer wieder Zeit sein, um beispielhaft einzelne Mappen zu ordnen. Das Kind erkennt eigene Ordnungskategorien, überlegt, was zusammengehört und erinnert sich dabei an das Arbeiten, an das Erreichen des Zieles.

➲ BÜCHER
Der Einsatz von Büchern für diese Art des Lernens ist überaus wertvoll. Bücher, die frei zugänglich sein müssen, können beim Schmökern schon zündende Ideen für das Arbeiten liefern. Aus den Büchern kann Brauchbares kopiert und Unbekanntes gesucht und erklärt werden, es können auch Behauptungen überprüft oder Anregungen für neue Ziele gefunden und nachgemacht werden.

e) Präsentation der Arbeiten

➲ SPRACHE
Es werden klare Gesprächsregeln vereinbart. Einer spricht, die anderen hören zu. Es gibt die Möglichkeit, Fragen zu stellen, die beantwortet werden müssen. Es kann immer nur einer sprechen, fragen und antworten. Das Kind präsentiert seine Arbeitsergebnisse, es spricht, es strukturiert seine Ausführungen, um Aufmerksamkeit zu erhalten. Das erste Mal werden unbewusst Gesprächskulturen geübt. Es bietet sich kaum eine andere Möglichkeit, die die Schlüsselkompentenz Sprache so deutlich zeigt. So werden die sprachlichen Fähigkeiten früh grundgelegt und ausgebildet.

„Damit Kinder über das Lernen reflektieren, müssen sie in Aktivitäten eingebunden werden, die ihnen die Möglichkeiten verschaffen, über das zu sprechen und nachzudenken, was sie tun und was sie dabei lernen." *(Bildung und Lerngeschichten im Kindergarten. Konzepte-Methoden-Beispiele; Norbert Neuß (Hrsg.), Cornelson Scriptor 2007, S. 22)*

➲ PRÄSENTATION
Das Kind steht bei der Präsentation im Mittelpunkt. Es soll sich auf einen „besonderen Sessel", in eine „besondere Ecke", auf einen „schönen Teppich" ... setzen. Die anderen Kinder sitzen so, dass sie gut sehen und hören können. Es sollten nur jene Kinder zum Zuhören eingeladen werden, die Interesse zeigen. Es ist etwas ganz Besonderes, wenn ein Kind seine Arbeiten vorstellt.
Dem Kind wird die volle Aufmerksamkeit geschenkt. Das Kind wird ernst genommen, es spürt: „Ich bin kompetent. Ich kann bewirken, dass ich das Interesse anderer wecke." Das Selbstvertrauen des Kindes wächst.

➲ LESEN
Die Arbeitsergebnisse werden „vorgelesen". Die Dokumentation erinnert an das Arbeiten, schafft Assoziationen zu anderen Bereichen. Anhand von Bildern, Symbolen, Fotos kann das Kind den Arbeitsvorgang leichter „rekonstruieren" und versprachlichen. Das stärkt die Grundlagen für die Lese- und Rechtschreibfähigkeit.

➲ LOB
Von Seiten der Pädagogin wird gelobt, was wirklich gut ist. Es ist wichtig, dass die richtigen Strategien des Kindes verstärkt werden, Kritik hat bei der Präsentation keinen Platz. In einem Vieraugengespräch bewertet dann die Pädagogin das Erreichen des Zieles. Falls das Ziel nicht erreicht wurde, kann das Kind gern neue Beweise sammeln, die Pädagogin wird das Kind unterstützen und ihm sagen, wo Veränderungen notwendig sind.
Gern können auch andere Kinder ihre Urteile abgeben. Dieses Rückmelden muss jedoch im Vorfeld schon geübt werden, es dürfen keinesfalls abfällige Bermerkungen fallen.

3. Was ist wichtig?

➲ KOMPETENZEN
Die Dokumentationen des Kindes sind die Beweise für die erworbenen Kompetenzen. Das Kind mit seinen Tätigkeiten, seinen Stärken rückt in den Mittelpunkt des Geschehens.

➲ MATERIALIEN
Das Kind wählt aus dem großen Angebot von Materialien aus. Es nimmt das, was ihm gefällt. Jedes Kind hat persönliche Vorlieben und für das Erreichen der Ziele ist es wichtig, dass man sich mit dem beschäftigt, was man gerne mag.
Die Vielfalt der Dokumentationen zeigt aber auch gleichzeitig die Vielfalt des Materialangebotes. Es zeigt die vielen Vorbereitungen, die individuell auf die Kinder ausgerichtet sind.

➲ WAHRNEHMEN
Es werden die individuellen Stärken jedes Kindes wahrgenommen, es soll und darf kein Vergleich mit anderen Kindern erfolgen. Meistens weiß man als Pädagogin, welche

Fähigkeiten bzw. Schwächen jedes Kind besitzt. Man kann sich dabei gut an den Tätigkeiten der Kinder orientieren.
Die Arbeitsergebnisse dokumentieren die Entwicklung des einzelnen Kindes. Man sieht, was es kann, die Ergebnisse zeigen, was es ohne Hilfe gemacht hat. Für jene Bereiche, die vom Kind nicht erledigt wurden, können individuelle Förderangebote gesetzt werden. Dies ist der große Vorteil gegenüber allen bisher bekannten punktuellen Beobachtungen und Ergebnissen von gemeinsamen Arbeiten (alle arbeiten zur gleichen Zeit am gleichen Produkt und wenn möglich noch im gleichen Tempo), die alle leider keinen wirklichen Eindruck von der individuellen Leistung des Kindes gebracht haben.

➲ VERÄNDERUNGEN
Es bedarf einer grundsätzlichen Veränderung seiner pädagogischen Handlungen und Haltungen. Man muss die Aktivität des Kindes zulassen, Angebote für die Vielfalt der Kinderinteressen anbieten und neue Zeitstrukturen akzeptieren.

a) Elterninformation

➲ INFORMATION
Es bedarf einer intensiven Information, um die Eltern auf diese Art des Arbeitens vorzubereiten (siehe Elternbrief S. 10). Elternabende, Gespräche, laufend schriftliche Informationen werden anfangs notwendig sein, um die Eltern ins Boot zu holen und als Bildungspartner zu gewinnen.
Die Arbeitsorte, die Materialien und der Arbeitseifer der Kinder muss immer wieder den Eltern gezeigt werden (Einladung für Besuche, kurze Videosequenzen bei Elternabenden, Ausstellungen von Bildern und Arbeiten in der Garderobe ...). Nur so bringen die Eltern das notwendige Verständnis für die Arbeit ihres Kindes auf.
Die Ziellisten zeigen den Eltern sehr genau, welche Voraussetzungen für die Schulreife notwendig sind, auch konkrete Übungen und Unterstützungsmaßnahmen können abgeleitet werden. Eltern sehen aber auch, welche Bildungsgelegenheiten *(vgl. „Die beste aller Welten“ v. Gerhard Schulze)* sie möglicherweise ihrem Kind schulden. Der Lebensraum der Kinder hat sich verändert, es ist nicht mehr selbstverständlich, dass die Kinder die Voraussetzungen bzw. Grundlagen für den Erwerb aller wichtigen Fähigkeiten (siehe Ziellisten) vorfinden.
Auf Seite 10 finden Sie einen Vorschlag für einen Elternbrief, den Sie kopieren können und z. B. bei einem Elternabend austeilen können.
Idealerweise dürfen die Eltern im Rahmen eines Informationsabends zum Thema Schulreife die „Lern-Stationen“ ihrer Kinder besichtigen und ausprobieren, um zu „begreifen“, welche Leistungen ihr Kind täglich vollbringt.

➲ UNTERSTÜTZUNG
Die Eltern können und sollen ihr Kind auch beim Erreichen der Ziele unterstützen. Es darf auch zuhause dokumentiert werden, besonders bei Aktivitäten, die dem Kind besonders viel Spaß machen und die in den Ziellisten dokumentiert sind. Es dürfen auch neue Ziele angestrebt werden und gern können Eltern Kommentare auf die Dokumentationen des Kindes schreiben.
Jeder Ausflug, jeder Besuch einer Bücherei, eines Theaters ... kann vom Kind für die Mappe „verarbeitet werden“. Die Präsentation der Ergebnisse lässt die erlebten Geschehnisse besser verankern.
Die Mappe darf auch durch Briefe, z. B. eine „DAS MAG ICH AN DIR – Liste“ ergänzt werden.

➲ PRÄSENTATION
Findet die Präsentation der Arbeitsergebnisse ohne die Eltern im Kindergarten statt, so muss das Kind angeregt werden, seine Dokumentationen auch zuhause zu präsentieren. Eltern müssen ihrem Kind große Aufmerksamkeit schenken, einen ähnlichen Rahmen wie im Kindergarten schaffen (besonderer Platz für das Kind, Ruhe, gespanntes Zuhören, Fragen stellen, Zeit geben) und dann Rückmeldungen geben. Gerne können auch Eltern mit einem bestimmten Zeichen die Zielerreichung bestätigen.

b) Pädagogische Arbeit im letzten Kindergartenjahr / in der Vorschulklasse

➲ PLANUNG
Die vorgegebenen Ziele können eine Art Grobplanung für das letzte Kindergartenjahr bzw. das Vorschuljahr sein. Die Bildungsziele strukturieren bereits die Mappe, sie lassen aber auch viel Platz für wichtige Jahresthemen und naturwissenschaftliche Experimente. Es gibt die Möglichkeit, die Ziele nach den Vorlieben jedes einzelenen Kindes zu erweitern bzw. zu verstärken. Die Planung erfolgt so durch das Kind. Das bereits lesende Kind wird z. B. diesen Bereich mit neuen Zielen versehen und kann all sein Wissen und sein Können dokumentieren. Das Kind, das sich vor allem für Zahlen und Rechenvorgänge interessiert, dokumentiert „seine Zahlen", seine „Zählarbeit" und seine „Rechnungen". Das Kind, das besonders die Natur liebt und viele Dinge kennt und benennen kann, schmückt seine Mappe mit den Bildern und Namen oder zeigt ein Video über die Naturerforschung (Hilfe der Eltern).
Aber auch Kinder mit sprachlichen Defiziten oder nichtdeutscher Muttersprache haben die Möglichkeit, sich einzubringen, ebenso wie ein Kind mit persönlichen Entwicklungsbesonderheiten aufgrund individuell abgestimmter Ziele auf seinem Niveau mit seinen Stärken aktiv werden kann – der Erfolg der Planung und der pädagogischen Arbeit ist immer am Erfolg des Kindes zu messen!
Auch alle gesetzten Schwerpunkte eines Kindergartens, einer Schule haben hier Platz (Wald, Computer, Musik, Fremdsprachen ...).
Der Planungsrahmen muss offen gesteckt sein, die Kinder sollen Zeit haben, bestimmte Themenbereiche bedürfen eines längeren Zeitabschnittes, damit die Kinder sich einarbeiten können.

➲ SICHTBARE BILDUNGSARBEIT
Die Bildungsarbeit des Kindergartens wird sichtbar, keinesfalls sieht man „nur mehr die Spielstätte" im Kindergarten. Die indivdiduellen Bildungs- und Lernprozesse der Kinder sind der zentrale Punkt und werden sichtbar dokumentiert.

➲ LERNDISPOSITIONEN
Es ist notwendig, Lerndispositionen für die Schule und für das Leben anzubahnen. Mit dieser Art des Lernens kann das Kind diese anlegen. Es eignet sich selbstständig Wissen an, es arbeitet im Team, es führt selbst Veränderungen herbei und lässt diese auch zu.

➲ SCHUL-ARBEIT
Diese Art des Arbeitens kommt der angestrebten Öffnung für neue Unterrichtsformen entgegen. Sie leitet ein, wie in Zukunft schulisches Arbeiten auszusehen hat – ein individuelles Zu- und Eingehen auf jedes Kind.
Für das Kind wäre es überaus schön, wenn es seine Mappe zur Schuleinschreibung mitbringen könnte, um Auszüge daraus zu präsentieren. Jede Lehrerin/Schulleiterin könnte sofort einen persönlichen Eindruck des Kindes gewinnen und beim Besprechen der Mappe auch die sprachlichen Fähigkeiten heraushören.

Auch die ersten Schultage könnten für die Mappenpräsentationen genützt werden. Die Lehrerin kann sich einen guten Überblick über die Lernvoraussetzungen der Kinder verschaffen und die Kinder lernen sich dadurch gut kennen.
In der Schule wäre eine Weiterarbeit (Ziele, die noch nicht dokumentiert wurden) aber auch ein Aufbau mit neuen Zieldefinitionen jederzeit möglich und im Sinne des indivdiuellen Lernens wünschenswert.

Viel Erfolg und gutes Gelingen bei der Arbeit mit der Mappe!

Edith Steffan

LITERATUR

Reif für die Schule; Edith Steffan, Veritas-Verlag, Linz ^{5}2006
Der Sprachkalender; Edith Steffan, Veritas-Verlag, Linz 2007
Die Zahlenstraße; Edith Steffan, Veritas-Verlag, Linz ^{3}2006
Spielerische Wege zur Schriftsprache im Kindergarten; Leonhard Blumenstock, Katja Wehner, Heidi Velten, Verlag Cornelsen Scriptor 2007
LeseSchreibSpiele zur Vorbereitung auf den Schriftspracherwerb für Kindergarten und Grundschule; Edith Tauscheck, Maria Klopsch-Wesel, Oldenbourg Schulbuchverlag, München 2006
ZahlenZauberei; Ruth Dolenc, Hedwig Gasteiger, Gerti Kraft, Oldenbourg Schulbuchverlag, München 2005
Mathematik: zählen, ordnen, messen: 3 bis 6 Jahre; Rebecca Taylor, Kita-Praxis: Bildung, Verlag Cornelsen Scriptor 2006
Lernen kann ich immer und überall! Weltentdeckungen und Lernanregungen für 3- bis 5-Jährige; Beth Casey, Caroline Jones, Verlag an der Ruhr 2007
Die beste aller Welten; Gerhard Schulze, Hanser Verlag, München, Wien 2003
Bildung und Lerngeschichten im Kindergarten. Konzepte-Methoden-Beispiele; Norbert Neuß (Hrsg.), Verlag Cornelson Scriptor 2007
Bildungs- und Lerngeschichten. Bildungsprozesse in früher Kindheit beobachten, dokumentieren und unterstützen; verlag das netz, Kiliansroda ^{2}2007
Portfolios im Kindergarten. Das schwedische Modell; Göran Krok, Maria Lindewald, Verlag an der Ruhr 2007

Name: ______________________ Datum: ______________

Ich kann ______________________

Name: ______________________ Datum: ______________

Was ich alles kann:

Ich kann mich allein an- und ausziehen.	
Ich kann meine Schuhbänder zu einer Masche binden.	
Ich kann Flaschen und Deckel öffnen und Verschlüsse von Tuben aufdrehen.	
Ich kann mit den Bausteinen hohe Türme und Häuser bauen.	
Ich kann mit der Schere Bilder und Figuren ausschneiden.	
Ich kann mit Messer und Gabel essen.	
Ich kann solche Striche zeichnen: 	
Ich kann mit meinen Fingern lustige Fingerspiele zeigen.	
Ich kann mit Klebstoff kleben.	

Name: ______________________ Datum: ______________

Ich kann ______________________

Name: ______________________ Datum: ______________

Was ich alles kann:

Ich kann dir mit geschlossenen Augen zeigen, wo du mich berührt hast.	
Ich kann gut feststellen, ob etwas schwer oder leicht ist.	
Ich kann aufzeichnen, was du mir auf meinen Handrücken gezeichnet hast.	
Ich kann verschiedene Formen, Materialien und Dinge blind erkennen.	
Ich kann mich mit geschlossenen Augen im Raum gut zurecht finden.	

Name: ______________________ Datum: ______________

Ich kann ______________________

Name: ______________________ Datum: ____________

Was ich alles kann:

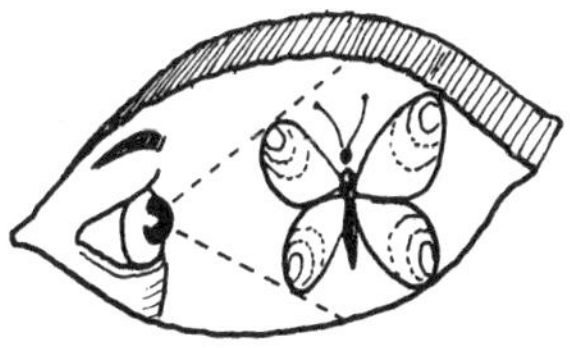

Ich kenne die Grundfarben und kann sie auch richtig benennen.	
Ich kann ein Puzzle und Bildteile richtig zusammensetzen.	
Ich kann mit verschiedenen Materialien nach einer Vorlage bauen und diese nachlegen.	
Ich kann Reihen nach einer Anleitung legen bzw. fortsetzen.	
Ich kann Dinge nach einer Angabe (groß – klein, hoch – höher – am höchsten ...) ordnen.	
Ich kann aus vielen Dingen ein gewünschtes Ding erkennen und herausholen.	

Name: ______________________ Datum: ______________

Ich kann ______________________

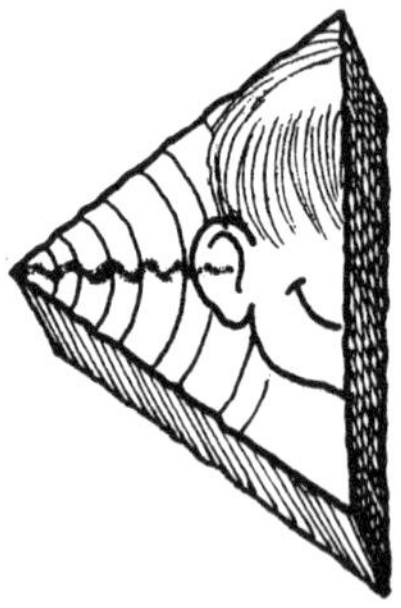

Name: ____________________ Datum: ____________

Was ich alles kann:

Ich kann in ganzen Sätzen sprechen.	
Ich verstehe Anweisungen.	
Ich kenne schon viele Wörter.	
Ich kann auf Fragen antworten.	
Ich kann die Laute A, E, I, O, U deutlich aussprechen.	
Ich kann Geschichten erzählen.	

Name: ______________________ Datum: ____________

Ich kann ______________________

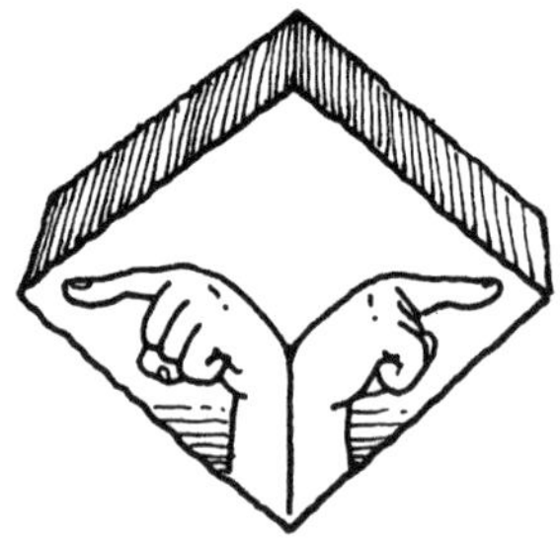

Name: ______________________ Datum: ______________

Was ich alles kann:

Ich bin freundlich zu anderen Kindern.	
Ich spreche gern mit anderen Kindern.	
Ich kann gut zuhören, wenn mir jemand etwas erzählt.	
Ich warte, bis ich an der Reihe bin.	
Ich helfe anderen gern.	
Ich halte mich an unsere Regeln.	

Name: ______________________ Datum: ____________

Ich kann ______________________

Name: ______________________ Datum: ______________

Was ich alles kann:

Ich wage mich an unbekannte Aufgaben.	
Ich kann gut sagen, was ich will.	
Ich kann zeigen, dass ich gut (oder weniger gut) aufgelegt bin.	
Ich kann auch allein gut spielen oder arbeiten.	
Ich kann mich über meine Arbeiten und Bauwerke freuen.	

Name: ______________________ Datum: ______________

Ich kann ______________________

Name: ______________________ Datum: ______________

Was ich alles kann:

Ich bin schnell beim Erledigen meiner Aufgaben.	
Ich mache alles fertig, was ich begonnen habe.	
Ich erledige meine Aufgaben sehr genau und sorgfältig.	
Ich verstehe einen Arbeitsauftrag und kann ihn allein ausführen.	

Name: ______________________ Datum: ______________

Ich kann ______________________

Name: ______________________ Datum: ______________

Was ich alles kann:

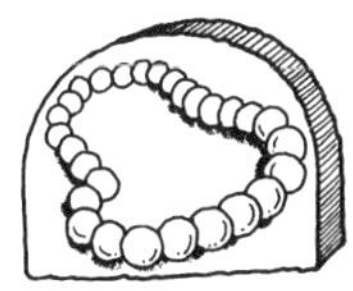

Ich kann Symbole und Piktogramme verstehen und erklären.	
Ich kann Buchstaben wiedererkennen und dir sagen, woher ich sie kenne.	
Ich erkenne bereits einige Wörter.	
Ich kann Bilder beschreiben.	
Ich kann gemeinsame Merkmale bei den Materialien und Spielsachen entdecken.	
Ich kann allein Dinge zurückräumen und richtig einordnen.	
Ich kann Formen (○ □ △) erkennen und Unterschiede nennen (spitz, rund, eckig).	
Ich kann verschiedene Formen legen, nachfahren und aus dem Gedächtnis zeichnen.	

Name: ______________________ Datum: ______________

Ich kann ______________________

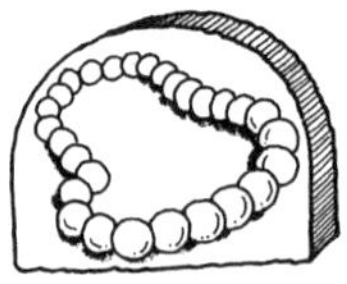

Name: ______________________ Datum: ______________

Was ich alles kann:

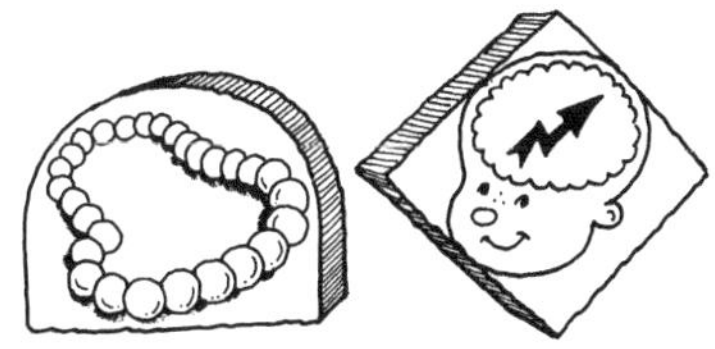

Ich kann zeigen, was mehr oder weniger ist.	
Ich kann eine Menge in 2 oder 3 Teilmengen aufteilen..	
Ich kenne alle Würfelbilder.	
Ich kann bis ______ zählen.	
Ich kann unsere Lieder allein singen.	
Ich kann unsere Reime allein aufsagen.	
Ich kann erzählen, was ich gestern gemacht habe, was ich heute tue, und was ich morgen machen werde.	
Ich weiß viele Sachen wie: Der Ofen kann heiß sein, ich muss vorsichtig sein. Wenn die Sonne scheint, dann ist es warm. ...	
Ich kann anderen Kindern Spielregeln erklären.	

Name: ______________________________ Datum: ______________

Ich kann ______________________________

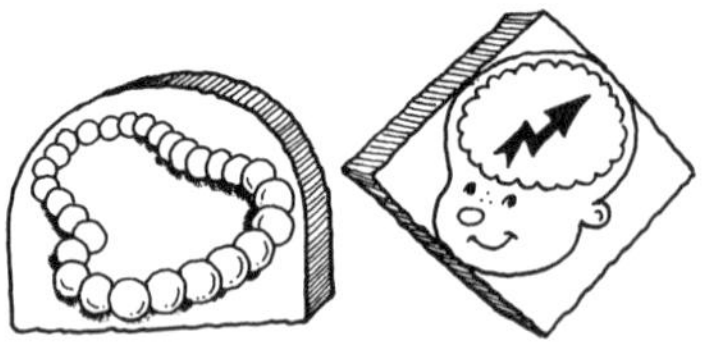

Entwicklungsverläufe

Oft zeigen die Kinder insbesondere im letzten Jahr vor der Einschulung noch gewaltige Unterschiede in der Entwicklung. Manche beginnen bereits, sich für Buchstaben oder Zahlen zu interessieren, andere haben noch Defizite in grundlegenden Bereichen, wie etwa in der Sprachentwicklung.
Mit der vorverlegten Schuleinschreibung soll dem Rechnung getragen werden: Eine gezielte Förderung kann hier oft Rückstände abfedern und den Kindern einen besseren Schulstart ermöglichen.
Besonders wenn sich Defizite zeigen, kann es hilfreich sein, den Verlauf der Entwicklung eines Kindes im letzten Kindergartenjahr näher zu betrachten. Dafür können Sie die „Diagnoseseiten" (Was ich alles kann:) z. B. nach folgendem Muster abändern bzw. auch ergänzen:

Körperliche Schulreife

Was ____________________ alles kann:

Grobmotorik und Gleichgewicht	Datum	Datum	Datum	Datum
Er / Sie kann einen Ball werfen und fangen.				
__________ kann laufen, ohne anzustoßen und auf ein Zeichen hin auch abbremsen.				
__________ kann mit geschlossenen Beinen und auf einem Bein hüpfen.				
__________kann die Füße so stellen und die Arme so beugen, wie es vorgezeigt wird.				
__________kann gut rückwärts gehen, ohne zu stolpern.				
__________ kann so gehen, dass __________ einen Fuß genau vor den anderen setzt.				
__________ kann auf einem Bein stehen.				

Sie finden sämtliche nach diesem Muster abgeänderten „Diagnoseseiten" unter http://schulreife.veritas.at als Gratis-Download.

Manchmal kann es nötig sein, die Entwicklung eines Kindes in einem oder nur in wenigen Bereichen genauer zu betrachten. Dafür können Sie folgende Blanco-Kopiervorlagen verwenden:

Schulreife: Bereich: ______________________________

Was ____________________ alles kann:

Bereich:	Datum	Datum	Datum	Datum

Schulreife: Bereich: ______________________________

Was ____________________ alles kann:

Bereich:	Datum	Datum	Datum	Datum

ANREGUNGEN UND DOKUMENTATIONSVORSCHLÄGE

Im folgenden Teil finden Sie Anregungen und Übungsvorschläge, die helfen sollen, die geforderten Lernziele anzubahnen bzw. zu erreichen.

Die Originalabbildungen von Kinderarbeiten geben einen Einblick in die Möglichkeiten der Dokumentation. Viele Lernziele lassen sich auch mit frei gewählten Materialien gut erarbeiten und dokumentieren.

Für alle Vorschläge gilt, dass sie durch Fotos, die das Kind bei der Arbeit, bei der Übung oder mit dem fertigen Produkt zeigen, gut dokumentiert werden können.

Ebenso kann auch immer eine Beschreibung der Übung und der Ausführung durch die Pädagogin oder auch durch die Eltern erfolgen.

Kinder, die gerne zeichnen oder malen, können auch sich selbst bei der Übung oder das Ergebnis bildnerisch darstellen. Aus Zeichnungen des Kindes, die die Übung(en) zeigen, kann auch einiges über den Entwicklungsstand des Kindes abgelesen werden, zudem bietet sich hier die Möglichkeit eines Gesprächs über das Dargestellte.

Zu manchen Bereichen finden Sie auch Kärtchen mit Darstellungen der Übungen, z. B. Kärtchen mit Strichmännchen, die eine Bewegung zeigen. Diese Kopiervorlagen dienen einerseits als Vorlage bei der Ausführung der Übung, können aber auch zur Dokumentation verwendet werden, indem man sie bemalen und einkleben lässt.

Weitere Dokumentationsvorschläge finden Sie jeweils bei den einzelnen Übungsvorschlägen.

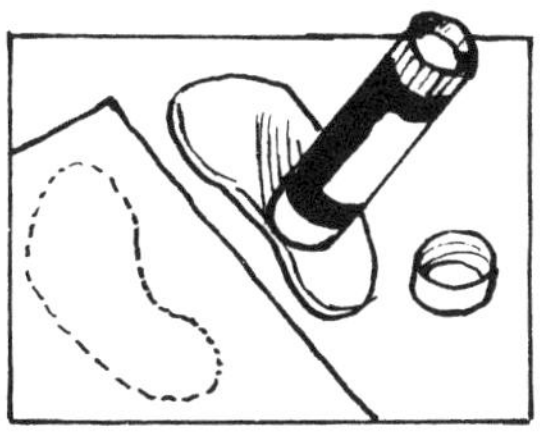

Sämtliche Kopiervorlagen, die zum mehrmaligen Gebrauch bestimmt sind, sollten vergrößert und entweder auf Karton kopiert / geklebt oder laminiert werden.

Bei weiterführenden Hinweisen werden folgende Titel in der Kurzversion zitiert:
Reif für die Schule: = Reif für die Schule; Edith Steffan, Veritas-Verlag ^{5}2006
Sprachkalender: = Der Sprachkalender; Edith Steffan, Veritas-Verlag 2007
Zahlenstraße: = Die Zahlenstraße; Edith Steffan, Veritas-Verlag ^{3}2006

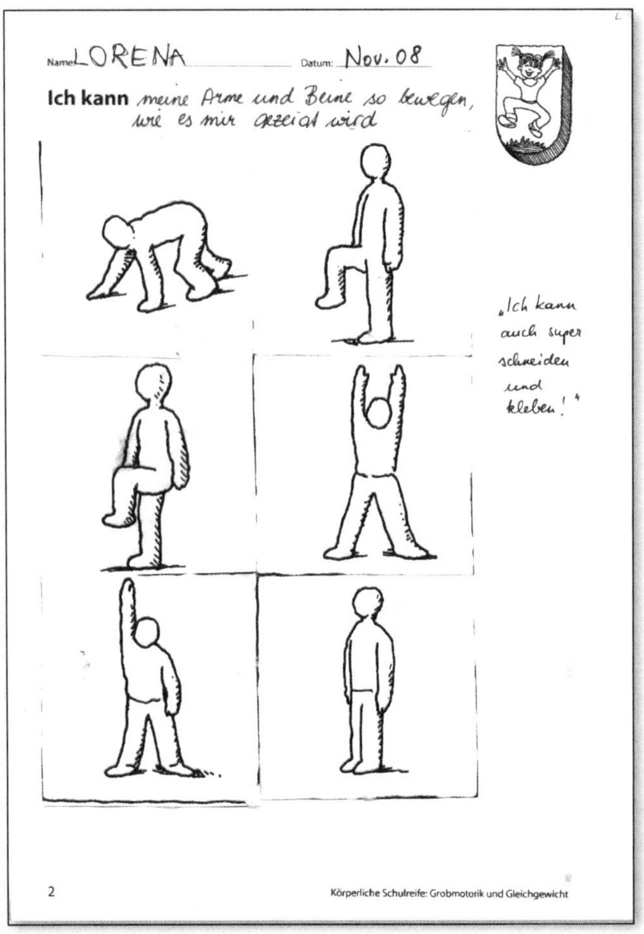

Weitere Vorschläge für Zielformulierungen:

- Ich kann Seil springen.
- Ich kann den Hampelmannsprung.
- Ich kann auf vorgezeichneten Sprungmustern mit meinen Füßen richtig hüpfen.

Noch mehr Beispiele:

- Reif für die Schule S. 7-12
- Sprachkalender S. 45-46; 39-40

Ich kann einen Ball werfen und fangen.

- Wurfübungen mit verschieden großen Bällen an die Wand, auf den Boden, in einen Reifen, in einen Eimer, in eine Schachtel, zwischen zwei Tischen, in einen aufgezeichneten Kreis (Kreide), entlang einer Linie (mit Tesaband geklebt) ... unter Verwendung einer Hand bzw. beider Hände.
- Die Wurfrichtung sollte immer über der Körpermitte sein.
- Zuwerfen und Fangen des Balles.

Ich kann laufen, ohne anzustoßen, und auf ein Zeichen hin auch abbremsen.

- Für Laufübungen Sesseln aufstellen, die „umlaufen" werden müssen.
- Große Pappschachteln in der Art eines Labyrinths aufbauen, wo das Kind möglichst rasch durchlaufen sollte.
- Mit Bauklötzen kleine Mauern bauen, die beim Laufen nicht umgestoßen werden dürfen.
- An quer durch den Raum gespannten Schnüren Decken oder Leintücher aufhängen, die auch beim schnellen Laufen im Raum nicht berührt werden dürfen.
- Im Garten um bestimmte Sträucher und Spielgeräte laufen.

Ich kann mit geschlossenen Beinen und auf einem Bein hüpfen.

- Hüpfübungen in einen Reifen (Beine schließen), aus dem Reifen (Beine grätschen). → KV 3, 4
- Hüpfmuster mit Kreide auf Asphalt aufzeichnen bzw. mit Tesaband auf den Boden kleben (Tempelhüpfen). → Abb. 1, KV 1
- Fußspuren aus Teppichbodenresten bzw. Karton ausschneiden, aufkleben und so das Schließen, das Grätschen bzw. das Hüpfen auf einem Bein vorgeben. → Abb. 2

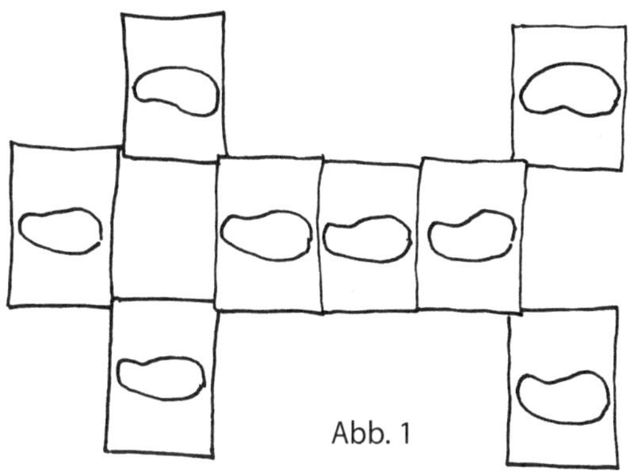

Abb. 1

Dokumentationsmöglichkeiten:

- *Fußspuren mit der Hand drucken*
- *Hüpfmuster aufzeichnen oder einkleben*

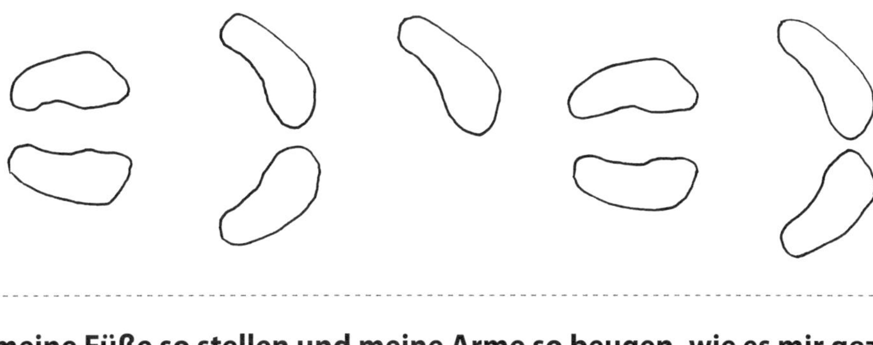

Abb. 2

Ich kann meine Füße so stellen und meine Arme so beugen, wie es mir gezeigt wird.

- Verschiedene Körperstellungen dem Kind (gegenüber) vorzeigen, Kind macht die Körperposition so nach, wie es diese sieht. → KV S. 65
- Körperstellungen dem Kind in der Leserichtung (von links nach rechts) vorzeigen, Kind stellt nach.
- Gewünschte Körperstellungen mit einer Puppe vorzeigen oder einer Gliederpuppe (Kopiervorlage) legen, Kind stellt nach. → KV 8

Dokumentationsmöglichkeiten:

- *Gliederpuppe in der vorgezeigten Körperstellung aufkleben*
- *Gliederpuppe nur mit Hilfe von Kartonstreifen aufkleben*
- *Form der Körperstellung mit Pfeifenputzern nachbilden und aufkleben (ähnlich einem Strichmännchen)*

Ich kann gut rückwärts gehen, ohne zu stolpern.

- Erste Versuche mit Hilfe eines Seiles, an dem sich das Kind festhält.
- Entlang eines geklebten Streifens, eines gezeichneten Striches bzw. einer Linie im Turnsaal rückwärts gehen. → KV 7
- Ohne Vorgabe einer Spur möglichst gerade, ohne sich umzudrehen, rückwärts Fuß hinter Fuß setzen. → KV 5

Dokumentationsmöglichkeiten:

- *Fußspuren mit der Hand drucken*
- *Film (Video auf CD-ROM / DVD) einkleben*

Ich kann so gehen, dass ich einen Fuß genau vor den anderen setze.

- Erste Versuche mit Hilfe eines Seiles, das gehalten wird: Ferse muss immer die Zehen berühren.
- Entlang eines geklebten Streifens, eines gezeichneten Striches, einer Linie im Turnsaal ... Fuß für Fuß vorsetzen.
- Ohne Vorgabe einer Spur möglichst gerade, ohne Abstand und ohne aus dem Gleichgewicht zu geraten die Füße „aneinander reihen". → KV 6

Ich kann auf einem Bein stehen.

- Vorübungen mit einer Doppelseite Zeitungspapier: mit beiden Beinen auf dem Zeitungsbogen stehen. Nach und nach das Papier immer wieder falten, sodass am Ende nur noch ein Fuß Platz findet. Das andere Bein wird abgewinkelt.
- Geschichte vom Storch erzählen, der auf einem Schornstein landet und sich dann auf ein Bein stellt (man darf mit den Armen ausbalancieren). → KV 2

Kopiervorlagen:

KV 1

KV 2

KV 3

KV 4

KV 5

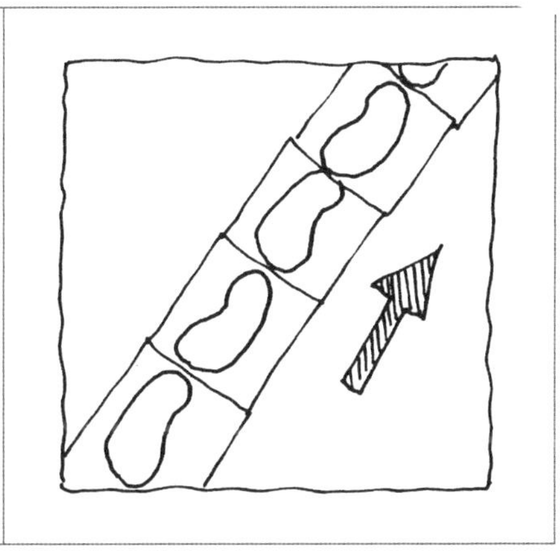

KV 6

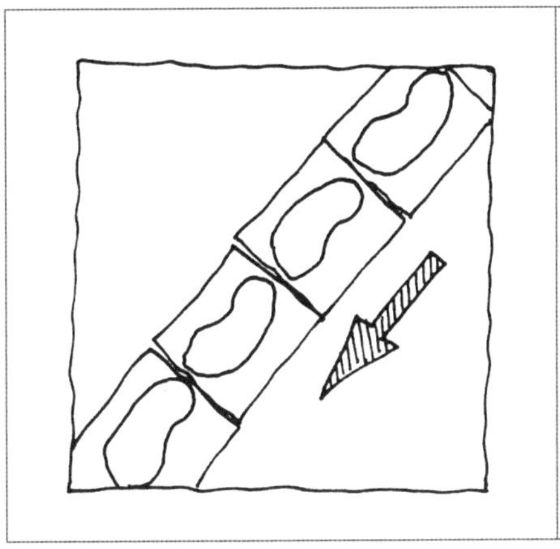

KV 7

KV 8

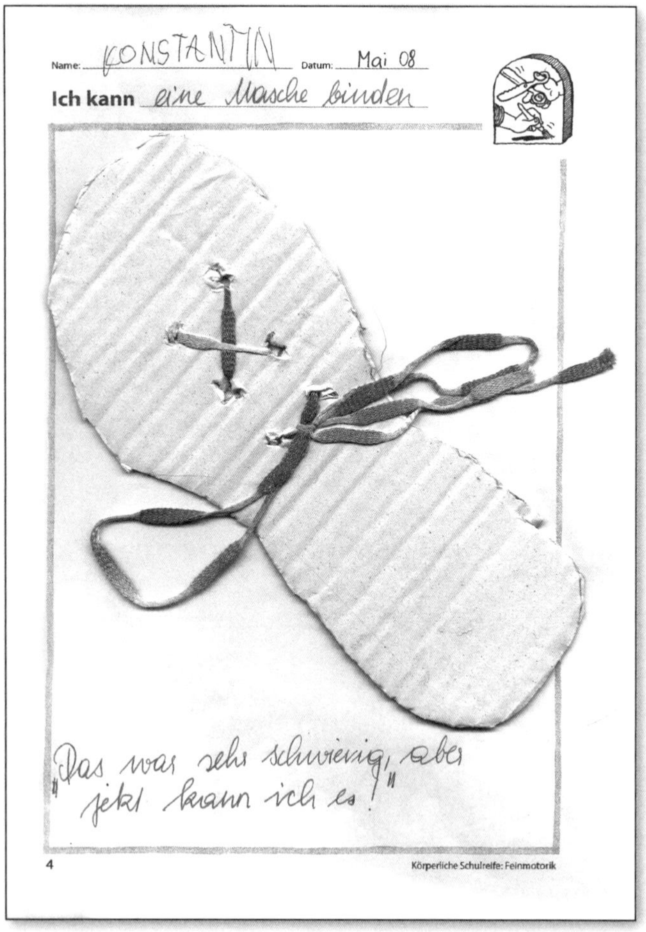

Weitere Vorschläge für Zielformulierungen:

- Ich kann ein Kartenhaus bauen.
- Ich kann mit Wäscheklammern und Büroklammern etwas befestigen.

Noch mehr Beispiele:

- Reif für die Schule S. 13-21
- Sprachkalender S. 27-28, 47, 49-52
- Zahlenstraße KV 14, 23-25

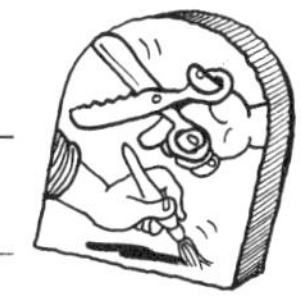

Ich kann mich allein an- und ausziehen.

- Kiste vorbereiten mit alten Kleidungsstücken, die im Spiel angezogen werden können (Knöpfe, Reißverschluss, Ösen, Haken, Bänder ...)
- Aus- und Anziehen vor und nach dem Turnunterricht bewusst üben und besprechen.
- Puppen an- und ausziehen.

Dokumentationsmöglichkeiten:

- *Foto einer Anziehpuppe mit den Kleidungsstücken, die das Kind alleine anziehen kann*
- *Aus einem Katalog jene Kleidungsstücke ausschneiden und aufkleben, die das Kind bereits alleine anziehen kann*

Ich kann meine Schuhbänder zu einer Masche binden.

- In eine alte Schnur Knöpfe knüpfen: in bestimmten Abständen, eine bestimmte Anzahl (ist später auch als Tastschnur geeignet).
- Klopapierrolle mit Faden umwickeln, Knopf machen und dann eine Masche binden. → Abb. 1
- Verschnürbare Säcke mit verschiedenen Materialien befüllen und dann mit einer Masche verschließen.
- Fädelkarten richtig fädeln und eine Masche binden. → Abb. 2
- Alte Schuhe mit einem roten (rechts) und einem lila (links) Schuhband versehen, anziehen und eine Masche üben.
- Aus Karton oder Lederresten Umrisse von Schuhen ausschneiden, Löcher stanzen und Bänder zum Maschenbinden durchfädeln. → Abb. 3
- In Zeichnungen / Bildkarten Löcher stanzen und diese in der richtigen Reihenfolge auf einer Schnur mittels einer Masche befestigen.

Abb. 1

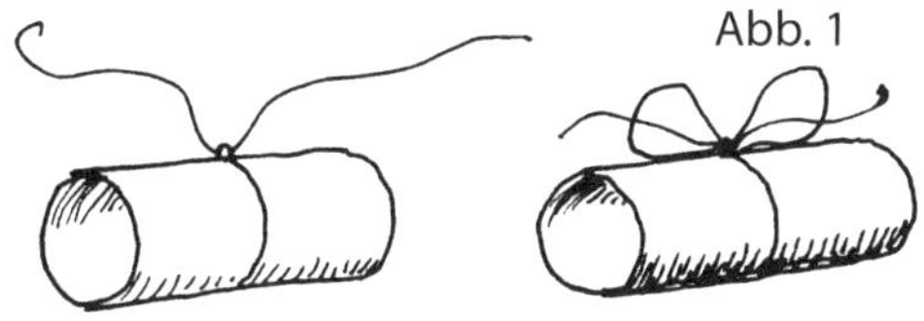

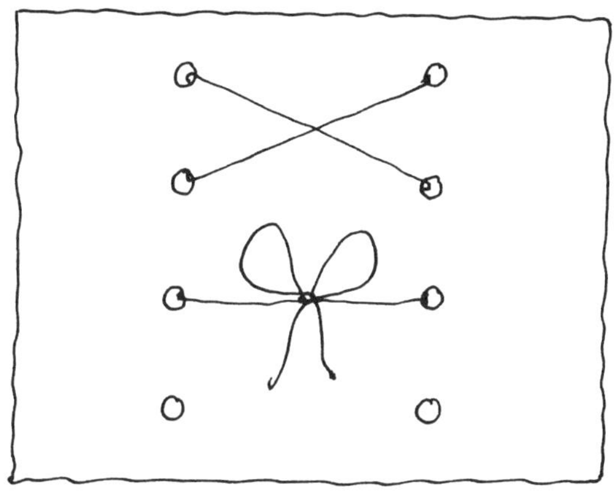

Abb. 2

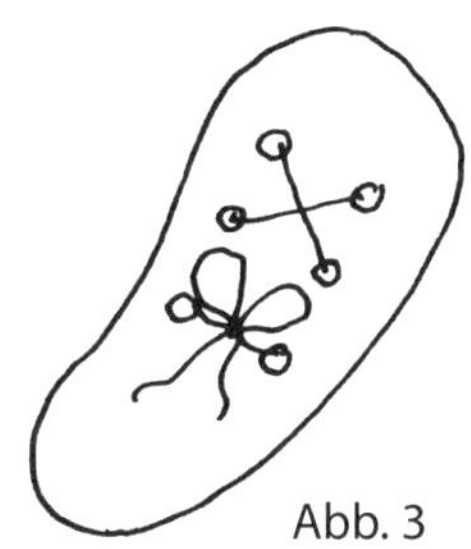

Abb. 3

Dokumentationsmöglichkeiten:

- *Fädelkarte mit Masche aufkleben*
- *Schuhumriss mit der Masche auf das Blatt kleben*
- *Löcher in das Blatt stanzen und dort Maschen anbringen*

Ich kann mit der Schere Bilder und Figuren ausschneiden.
Ich kann mit Klebstoff kleben.

- Formen mit Zacken, Rundungen und Wellen genau ausschneiden.
- Abbildungen ausschneiden, die das Kind selbst gezeichnet hat.
- Gewünschte Formen aus der Mitte eines Blattes oder einer Zeichnung ausschneiden.

Dokumentationsmöglichkeiten:

- *Ausgeschnittenen Produkte aufkleben*

Ich kann mit Messer und Gabel essen.

- Diese Form des Essens mit leicht schneidbaren Süßigkeiten, Brot oder Bananen üben.

Dokumentationsmöglichkeiten:

- *Teller mit Essen und Messer und Gabel, deren Umrisse nachgefahren wurden*
- *Plastikbesteck, Pappteller mit Abbildung des Lieblingsessens einkleben*

Ich kann Flaschen und Deckel öffnen und Verschlüsse von Tuben aufdrehen.

- Verschiedenste Behälter mit Deckeln und Verschlüssen sammeln, öffnen und schließen.
- Befüllen und Entleeren mit bestimmten Materialien, eine bestimmte Anzahl von Perlen, Muscheln, (laut Würfelbild, das am Behälter klebt) hinein geben / heraus nehmen.

Dokumentationsmöglichkeiten:

- *Grundrisse der Flasche; des Glases und des passenden Deckels auf dem Blatt nachfahren*
- *Jene Deckel aufkleben, die verwendet wurden*

Ich kann mit den Bausteinen hohe Türme und Häuser bauen.

- Bauwerke mit und ohne Vorlage bauen.
- Auf Grundrisse die richtigen Bausteine legen.
- Mit Hilfe von zweidimensionalen Musterplättchen (Dreiecke, Rechtecke und Quadrate) dreidimensionale Bauwerke bauen.

Dokumentationsmöglichkeiten:

- *Grundrisse der Bauwerke auf dem Blatt umfahren*
- *Bauwerke von der Seite zeichnen (genaue Anzahl der Bausteine)*
- *Boden der verwendeten Bausteine bemalen und laut Bauwerke auf das Blatt drucken*

Ich kann solche Striche | — / zeichnen.

- Umrisse nachziehen: eines Eimers, eines Schuhkartons, von großen Bausteinen, eines Tellers, ... Im Inneren dieser Umrisse senkrechte und waagrechte Striche ziehen (Begrenzung und Größenunterschied) → Abb. 1
- Schreibübungen auf einem großen Blatt Papier (am Boden, an der Wand) mit einem Deo-Roll-on-Stift, der mit Farbe oder Tinte gefüllt wird.
- Tesastreifen in den gewünschten Formen auf das Papier kleben, Kind malt die Umrisse des Streifens nach und setzt dann selbständig die Formen fort.
- Musterstreifen in eine Folie stecken und mit Overheadstiften nachfahren lassen. → KV 5, 6

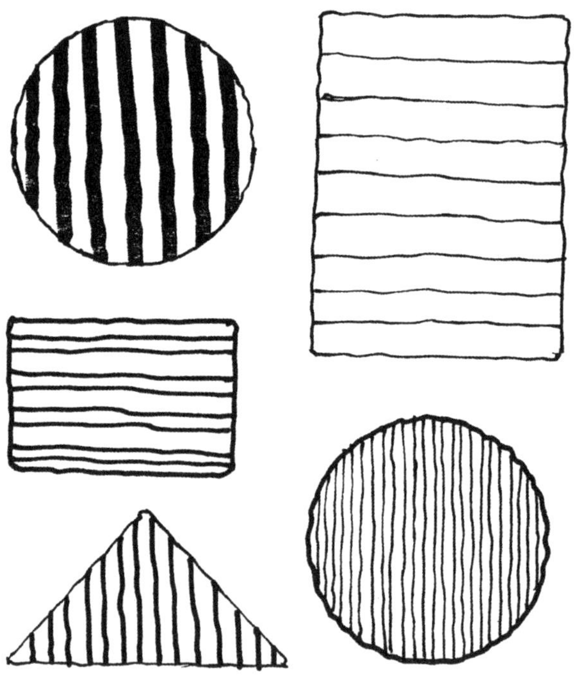

Dokumentationsmöglichkeiten:

- *Musterstreifen einkleben*
- *Übungsblätter auf das Blatt kleben*

Ich kann mit meinen Fingern lustige Fingerspiele zeigen.

- Finger bemalen und nach Anleitung bzw. Reim bewegen.
- Einfachste Tierfiguren basteln, um die Finger kleben und entsprechend einer Tiergeschichte, die erzählt wird, richtig bewegen. → KV Tiere
- Fingerstellungen laut Kopierkarten nachmachen. → KV 1–4

Dokumentationsmöglichkeiten:

- *Fingerkärtchen einkleben*
- *Text des Fingerreimes einkleben*
- *Hand mit bestimmter Fingerstellung nachfahren*

Kopiervorlagen:

KV 1

KV 2

KV 3

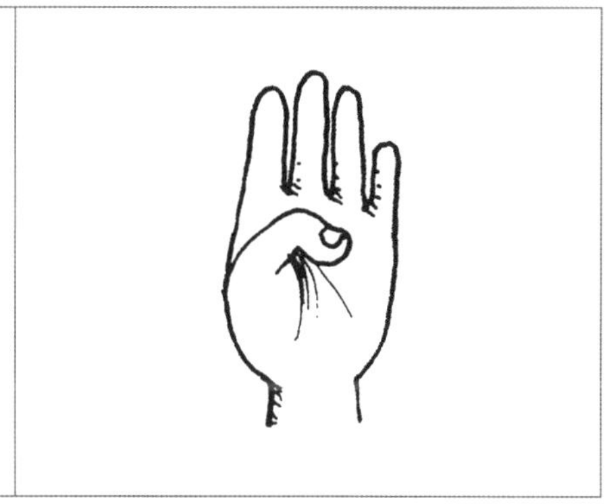

KV 4

KV Tiere

KV 5, 6

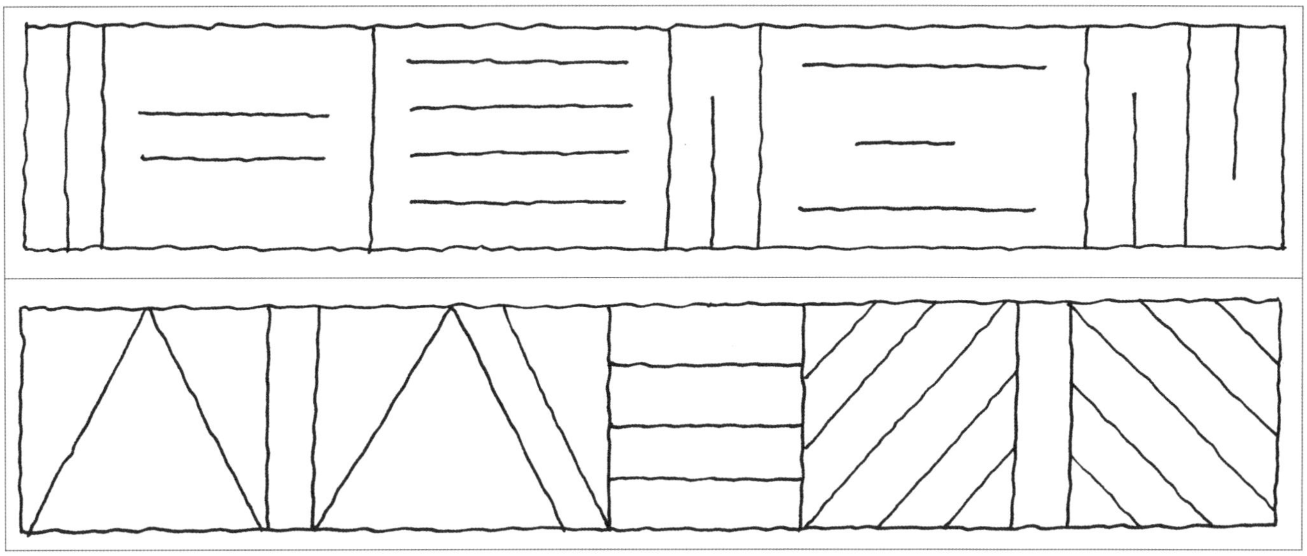

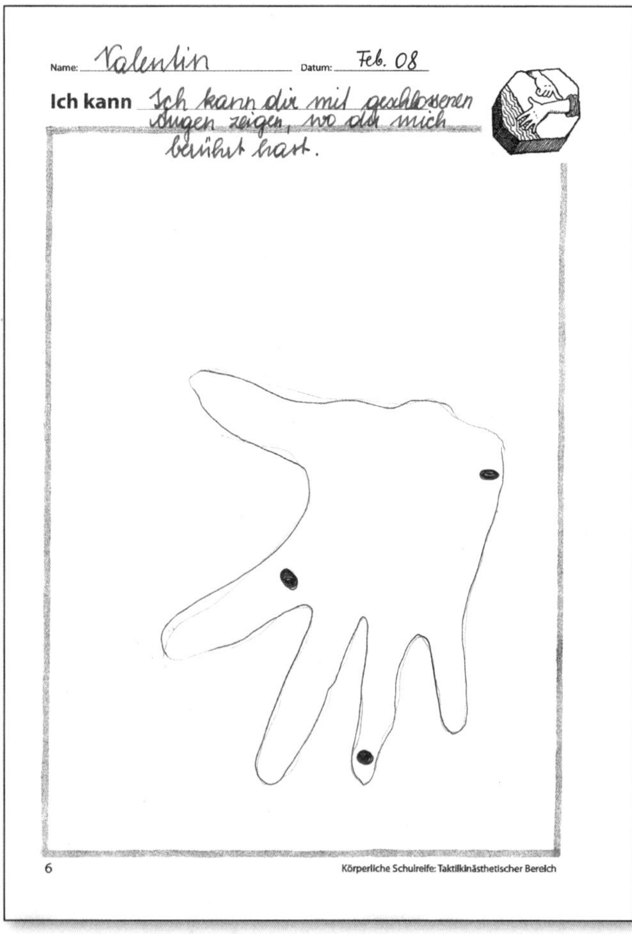

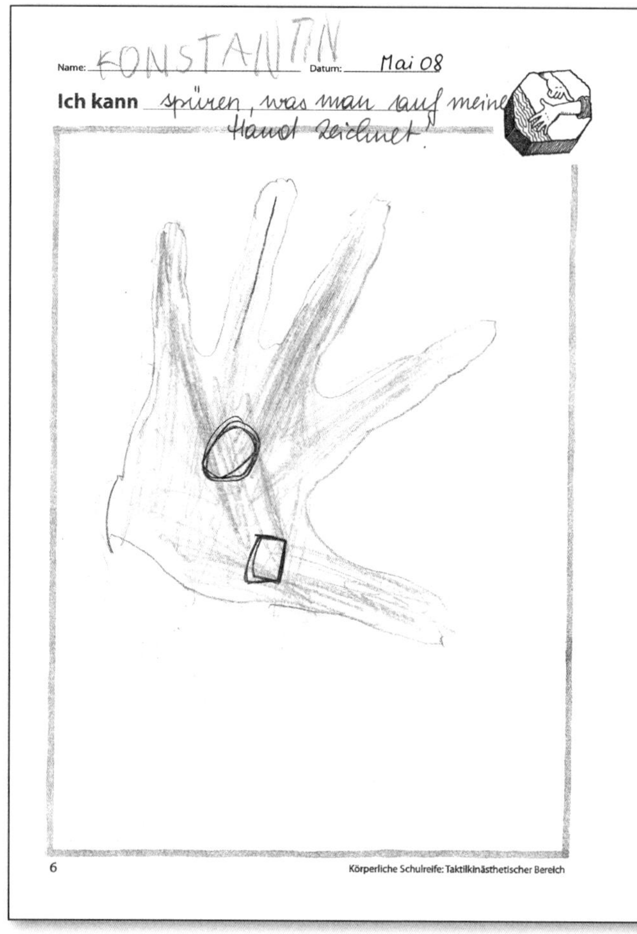

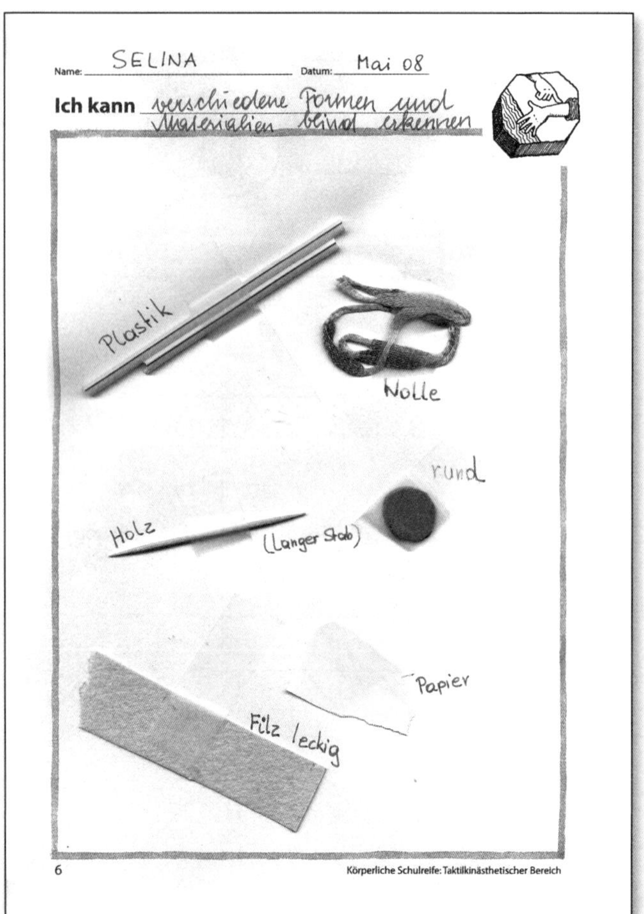

Weitere Vorschläge für Zielformulierungen:

- Ich kann spüren, ob etwas weich, hart, spitz, rund, rau, glatt, warm, kalt ... ist..
- Ich kann spüren, ob das Wasser kalt, lau, warm oder heiß ist.

Noch mehr Beispiele:

- Reif für die Schule S. 22-27
- Sprachkalender S. 35-36

Ich kann dir mit geschlossenen Augen zeigen, wo du mich berührt hast.

- Beide Hände auf den Tisch legen, Augen schließen. Das Kind wird gleichzeitig an zwei Fingern von einem Erwachsenen berührt. Es soll nach Öffnen der Augen die beiden Berührungspunkte zeigen können.
- Berührungspunkte an den Fußsohlen, an den Oberarmen, in der Handfläche und am Rücken wieder zeigen.

Dokumentationsmöglichkeiten:

- *Umrisse der Hände nachfahren, Berührungspunkte einzeichnen*

Ich kann verschiedene Formen, Materialien und Dinge blind erkennen. → KV 3

- Verschiedenste **Materialien** (Reste von Papier, Wolle, Stoff, Holz, Plastik, Moos, Gras, Stroh, Karton, Gummi) in einen großen Sack oder Karton füllen. Alle Materialreste auch für das Kind noch einmal sichtbar auf einem Tablett anordnen. Nun schließt das Kind die Augen und tastet im Sack / im Karton. Dann zeigt es mit der anderen Hand auf jenes Material auf dem Tablett, das es in seiner Tasthand hält.
- Anstelle der Materialien auf dem Tablett können auch
  - Abbildungen der Tastmaterialien
  - Symbole der Tastmaterialien
  - verarbeitete Dinge der Tastmaterialien aufgelegt werden.
- Unterschiedliche **Spielsachen und Dinge** in einen Tastsack oder eine Tastschachtel füllen. Auf einem Streifen Papier die Tastdinge in einer bestimmten Reihenfolge aufzeichnen, auflegen oder Umrisse aufzeichnen. Das Kind muss die Dinge laut Abbildungen auf den Streifen aus dem Sack / der Schachtel nehmen und richtig auflegen.
- Verschiedenste **Materialien** in Stroh, Watte, Styropor, Sand **verstecken**. Das Kind holt ein genanntes Stück heraus.
- **Drei Würfel** auf vier Seiten mit verschiedenen Materialien (Wolle, Seide, Samt, Leder, ...) bekleben und auf einen Stab stecken. Mit geschlossenen Augen den Würfel so drehen, dass immer zwei gleiche Materialien ertastet werden. → Abb. 1

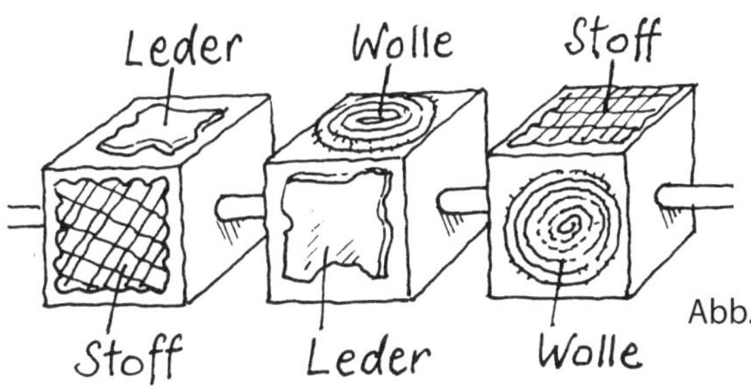

Abb. 1

- **Tastkarten** herstellen (mit verschiedensten Naturmaterialien bekleben) – als Memorykarten oder als Dominokarten ausgestalten und damit „blind" spielen.
- Bekannte **Formen mit Tesastreifen** auf Kartons kleben, mit geschlossenen Augen wird die Hand des Kindes über dies Formen geführt (kann auch der Anfangsbuchstabe des Kindes dabei sein), Kind zeichnet die ertasteten Formen auf oder legt sie mit Holzstäbchen nach. → Abb. 2

Abb. 2

- Mit **Plastilin** verschiedene Formen, die man kennt oder die man sieht, blind formen. Aus einer Plastilinkugel eine Plastilinschlange mit geschlossenen Augen formen (und umgekehrt).
- **Stofftiere / Spieltiere** mit markanten Formen in den großen Tastsack / in die große Tastschachtel geben. Dem Kind ein Kärtchen mit den Umrissen eines Stofftieres zeigen, das es blind aus dem Sack / aus dem Karton holen soll. → KV 6

Dokumentationsmöglichkeiten:

- *Materialien die richtig ertastest wurden, aufkleben*
- *Formen aus Holz, Pfeifenputzer aufkleben*

Ich kann aufzeichnen, was du mir auf meinen Handrücken gezeichnet hast.

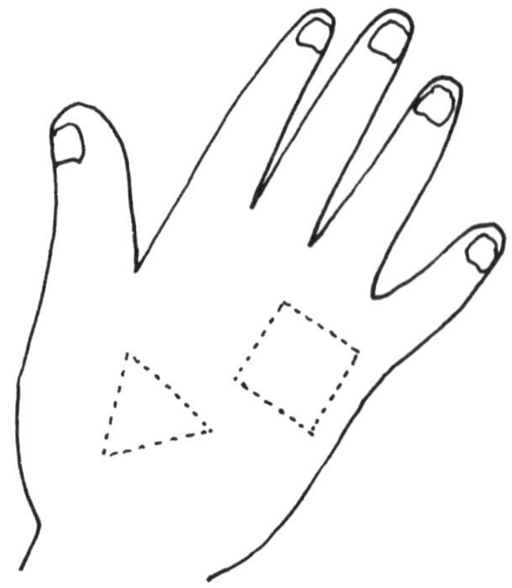

- Hand auf den Tisch legen, Augen schließen. Einfachste Formen wie Striche, Kreise, Vierecke ... werden in großen Abständen auf den Handrücken „geschrieben". Das Kind zeigt die Form auf einer Formkarte, zeichnet sie auf, formt sie mit Plastilin oder Pfeifenputzer oder legt sie mit Holzstäben oder Bausteinen nach. → KV 4

Dokumentationsmöglichkeiten:

- *Formen mit Pfeifenputzer aufkleben*
- *Formen in Handumriss einzeichnen oder aufkleben*

Ich kann gut feststellen, ob etwas schwer oder leicht ist.

- Verschiedenste Dinge genau betrachten, dann die Augen schließen, Dinge in die Hand nehmen und auf die „leichte" oder „schwere" Seite legen. Später diese Annahmen mit einer Balkenwaage überprüfen: ein leichtes Stück auf einer Seite und ein schweres Stück auf der anderen Seite. → KV 5
- Große Dinge ziehen, schieben und kurz aufheben – eine genaue Abstufung machen. Der Teppich ist leichter als der Tisch ...

Dokumentationsmöglichkeiten:

- *Waage mit leichten und schweren Dingen aufzeichnen / Bilder aufkleben*

Ich kann mich mit geschlossenen Augen im Raum gut zurecht finden.

- Mit geschlossenen Augen (oder verbundenen Augen – je nach Wunsch des Kindes) im Raum bestimmte Plätze aufsuchen (Ecken, Wände, Türen, Fenster ...) – zuerst geführt, dann auch allein tastend. → KV 1
- Blind und barfuß/in Socken auf Pappkarten durch den Raum gehen (so den Weg finden).
- Barfuß eine Taststraße (Kartondeckel mit verschiedensten Materialien) begehen und die Eigenschaften der Materialien (weich, hart, stachelig ...) beschreiben. → KV 2

KV 1

KV 2

KV 3

Kopiervorlagen:

KV 4

KV 5

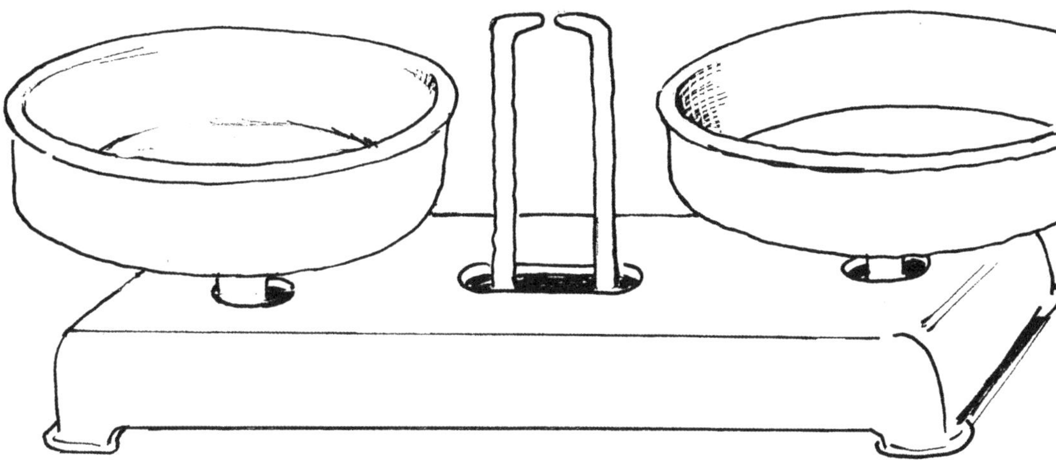

KV 6

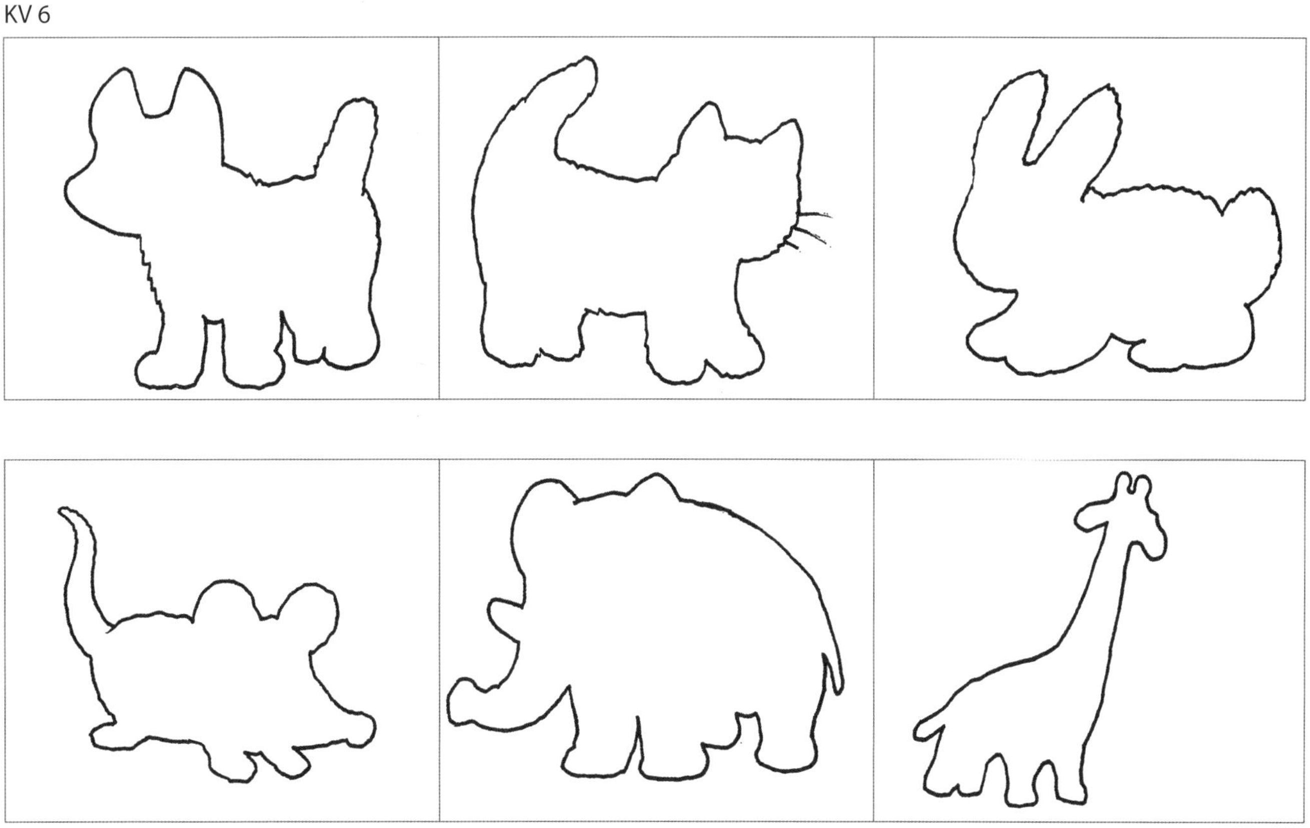

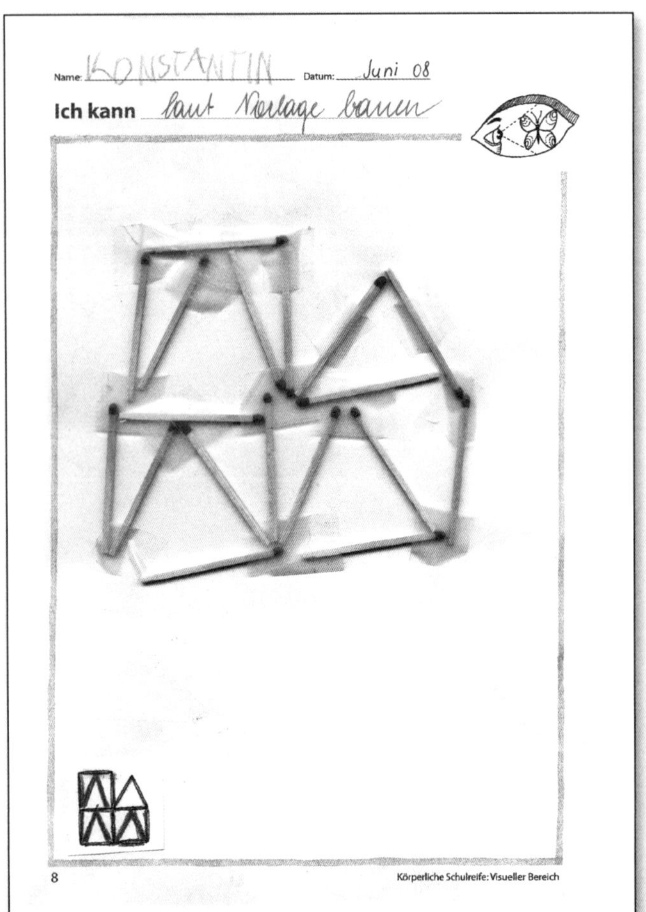

Weitere Vorschläge für Zielformulierungen:

- Ich kann mit Hilfe von Punkten eine Abbildung vervollständigen.

Noch mehr Beispiele:

- Reif für die Schule S. 28-34
- Sprachkalender S. 9, 10, 19, 20, 41-44
- Die Zahlenstraße KV 17, 21

Ich kenne die Grundfarben und kann sie auch richtig benennen.

- Malübungen mit den verschiedenartigen Farben auf Papier, auf Farbkarten: Farbe aus der Farbpalette finden und auf das Kärtchen malen, Umrisse von bekannten Dingen mit der richtigen Farbe ausmalen, Hand- und Fußabdrücken in den gewünschten Farben ...
- Joghurtbecher in den Grundfarben bemalen oder bekleben, kleine Bälle in den Grundfarben kaufen. Kind wirft den grünen Ball in den grünen Becher und verbalisiert das auch. Kind wirft laut Anleitung z. B. den roten Ball in den blauen Becher ...
- Kreisspiel: Kind in der Mitte prellt alle verschieden färbigen Bälle auf den Boden, Kinder im Kreis fangen nur jenen Ball, der die Farbe ihres Bechers hat. → Abb. 1
- Einen weißen, quadratischen Karton in 8 gleiche Teile teilen. Jeden Teil mit einer anderen Farbe bemalen (oder von Kindern bemalen lassen). Loch in der Mitte stanzen und einen Zeiger befestigen. → Abb. 2
  Drehen des Zeigers, Farbe benennen, Dinge in dieser Farbe holen, einen solchen Farbtupfen auf ein Blatt Papier malen ...

Abb. 1

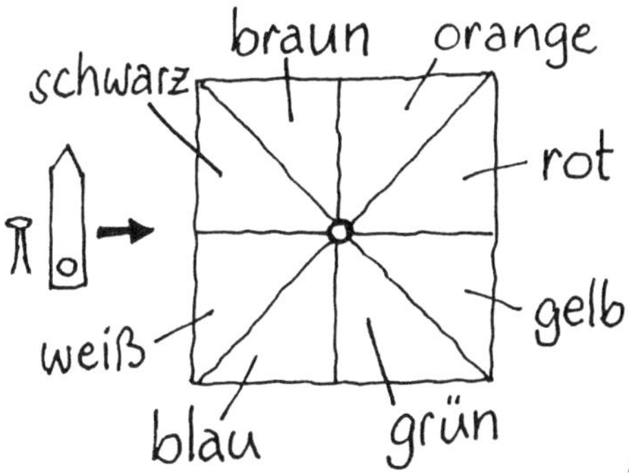

Abb. 2

Dokumentationsmöglichkeiten:

- *Arbeitsblätter mit Malübungen*
- *Farbkärtchen, Farbscheibe aufkleben*
- *Hand- und Fußabdrucke in bekannten Farben aufs Blatt drucken*

Ich kann mit verschiedenen Materialien nach einer Vorlage bauen und diese nachlegen.

- Kärtchen mit verschiedenen Formen aus Streichhölzern, Stäben, Strohhalmen und Holzstäbchen anfertigen. Kinder legen diese Abbildungen nach, vergrößern bzw. verkleinern sie durch Verwendung größerer Stäbe bzw. kleiner Stäbe. Sie merken sich bis zu drei Formen und legen diese aus dem Gedächtnis nach. → KV 1
- Bauwerke aus Bausteinen bauen – Kind baut nach, es darf Informationen nur durch die Augen aufnehmen.
- Mit einfachsten Moosgummiformen Großbuchstaben nachlegen. → Abb. 3
- A4-Blatt zweimal falten (rechts – links / oben – unten), Dinge positionieren und später nachlegen. → Abb. 4
- Auf einem Pappteller Knöpfe, Muscheln ... in bestimmter Reihenfolge anordnen, nachlegen auf einem zweiten Pappteller, verkleinern und vergrößern auf anderen Tellern mit größeren Materialien. → Abb. 5
- Kärtchen mit verschiedenen Umrissen von Tieren, bekannten Dingen, Obst und Gemüse. Die Umrisse mit Plastilin nachlegen, mit Pfeifenputzer nachformen bzw. die Formen in Rasierschaum (auf einen Tisch gesprüht) nachmalen.

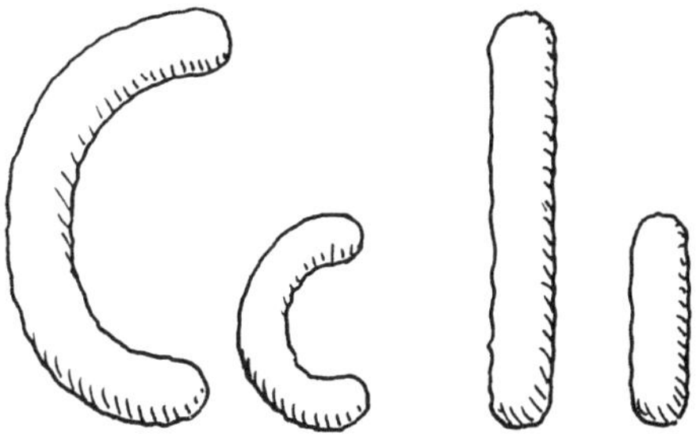
Abb. 3

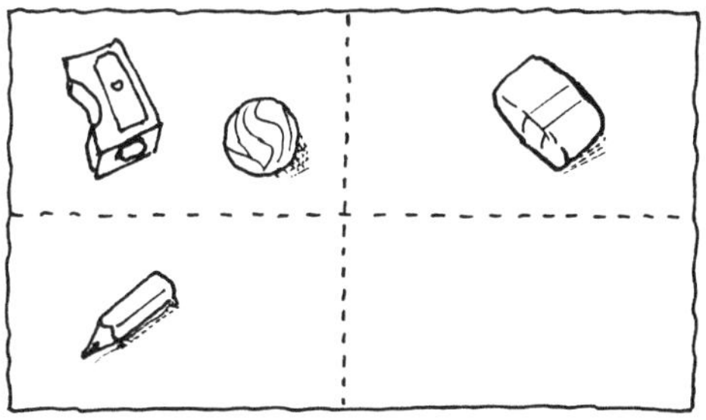
Abb. 4

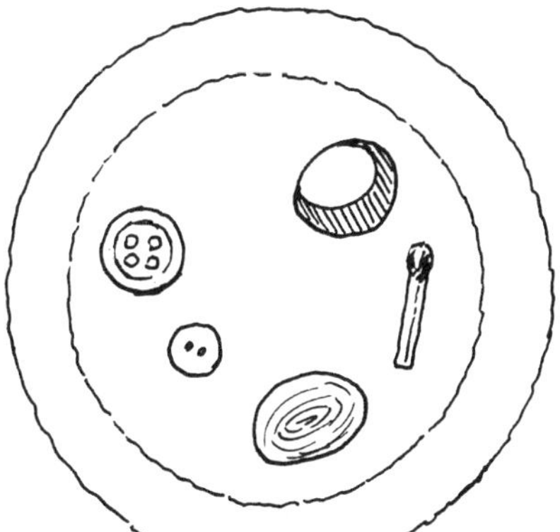
Abb. 5

Dokumentationsmöglichkeiten:

- *Arbeitsblätter mit den Umrissen der Legematerialien aufkleben*
- *Pappteller mit geklebten Bildern aufkleben*
- *Gestaltungen mit Pfeifenputzer auf das Blatt kleben*

Ich kann Reihen nach einer Anleitung legen bzw. fortsetzen.

- Reihen auf Arbeitsblättern mit vorgegebenen Materialien nachlegen und fortsetzen. Das Übertragen der Reihen kann auch mithilfe einer Schnur erfolgen: Schnur spannen; Kärtchen, Kleinmaterial ... in der vorgegebenen Reihe mit Wäsche- oder Büroklammern an die Schnur klammern.
- Farbreihen mit Perlenkette als Vorlage: Farbfolge übernehmen, Farben mit dem Finger auf ein Blatt drucken.
- Musterstreifen mit Abbildungen verschieden großer Kugeln bzw. Schlangen aus Plastilin – Kind formt diese Kugeln / Schlangen nach und setzt die Reihe fort.
- Auf Pappteller Obst und Gemüse in einer bestimmten Form anordnen – Kind versucht, das auf zweitem Pappteller genau so anzuordnen. Es kann auch die Pappteller mit entsprechenden Bildern (z. B. aus Gartenkatalogen) in dieser Anordnung bekleben.
- In Schachteldeckel Umrisse von Alltagsgegenständen (Gabel, Schere, Messer, Stift ...) zeichnen – das Kind versucht die Gegenstände in der richtigen Größe zu finden und legt sie auf die Umrisse. → Abb. 1

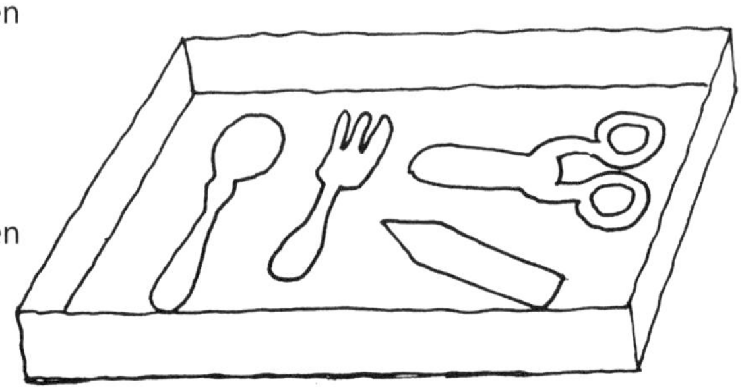

Abb. 1

Dokumentationsmöglichkeiten:

- *Arbeitsblätter mit Vorlagen aufkleben*
- *Musterstreifen und je nach Ausführung Produkte der Arbeit aufkleben*

Ich kann Dinge nach einer Angabe (groß – klein, hoch – höher – am höchsten ...) ordnen.

- Materialien aus der Umwelt (Ästchen, Steine, Blätter, Muscheln ...) sammeln und der Größe nach auflegen – Größenbezug verbalisieren (länger, kürzer, dünner, breiter ...).
- Tiere auf Tierkarten nach der Größe in Wirklichkeit ordnen; Gläser und Flaschen der Größe nach ordnen; Wollfäden abschneiden und der Länge nach ordnen; Papierreste der Größe nach ordnen ...
- Kind zeichnet 4 Dinge aus der Umwelt auf – von groß bis klein (Haus, Auto, Ball, Ameise).
- 4 gleich große Formen (Kopiervorlage oder selber gezeichnet) ausschneiden und dann jeweils dreimal so verändern, dass die Formen immer kleiner werden. → Abb. 2

Dokumentationsmöglichkeiten:

- *Tierkarten, Wollfäden und kleine Naturmaterialien aufkleben*
- *Deckeln von Gläsern in der richtigen Reihenfolge aufkleben oder den Grundriss umfahren*

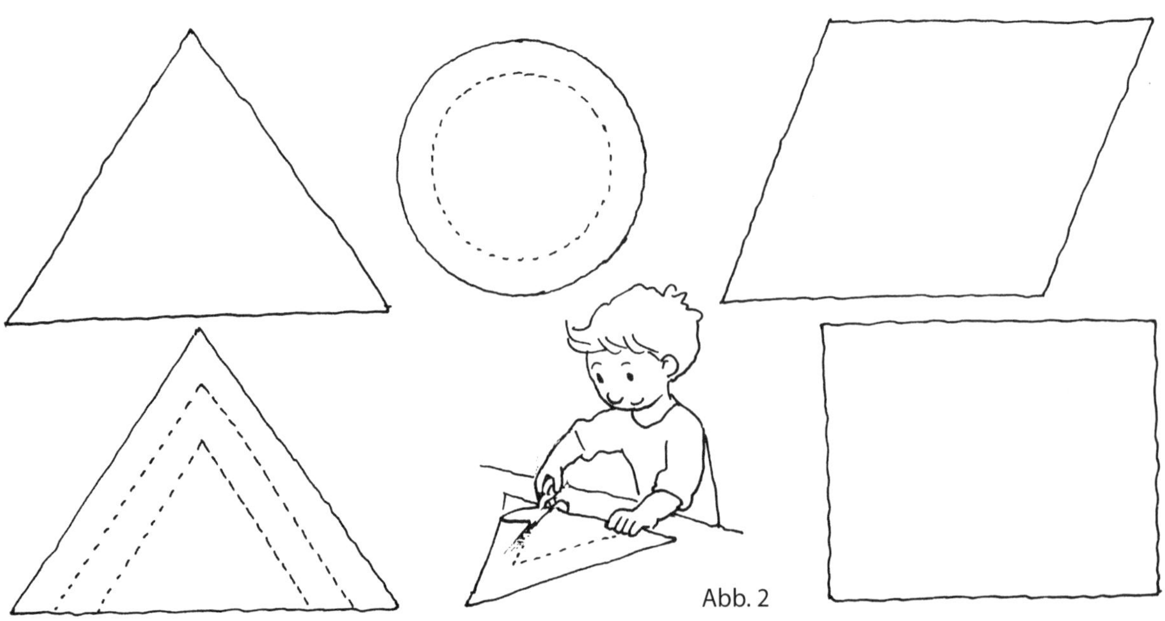

Abb. 2

Ich kann ein Puzzle und Bildteile richtig zusammensetzen.

- Bildteile aus Kalenderbildern, eigenen Fotos der Kinder, aus Kinderkatalogen laminieren, wenn nötig kopieren (als Vorlage), dann in wenige Teile schneiden und wieder zusammensetzen lassen.

Dokumentationsmöglichkeiten:

- *Puzzle selbst oder eine Kopie davon aufs Bild kleben*

Ich kann aus vielen Dingen ein gewünschtes Ding erkennen und herausholen.

- Auf einem Tablett oder einer großen färbigen Unterlage Spielsachen, Bausteine, Strohhalme in verschiedenen Farben, Knöpfe ... übereinander gruppieren. Kind sucht ein bestimmtes Ding (nur mit den Augen).
- Tapetenreste, Teile von Geschenkpapier, Servietten oder anderen Musterblättern auf Karton kleben. Kind zeigt mit seinem Finger auf gewünschte Abbildung (Blume, blauer Strich), es legt Knöpfe auf bestimmte Abbildungen. Falls diese „Kartonleseblätter" laminiert werden, kann man gewünschte Abbildungen auch mit einem Folienstift einkreisen.

Dokumentationsmöglichkeiten:

- *Kartonleseblätter oder die Kopie davon aufkleben*

Kopiervorlagen:

KV 1

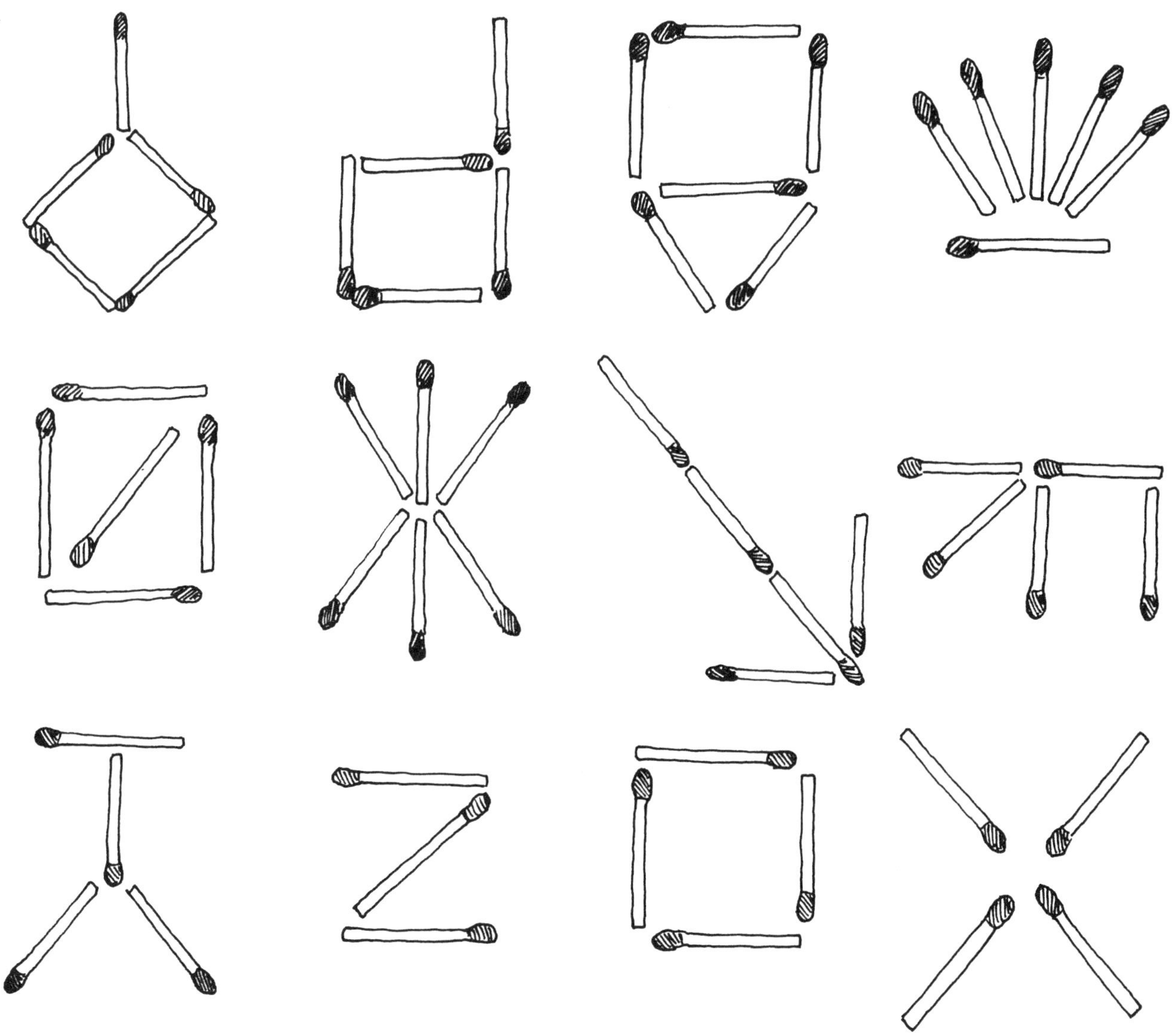

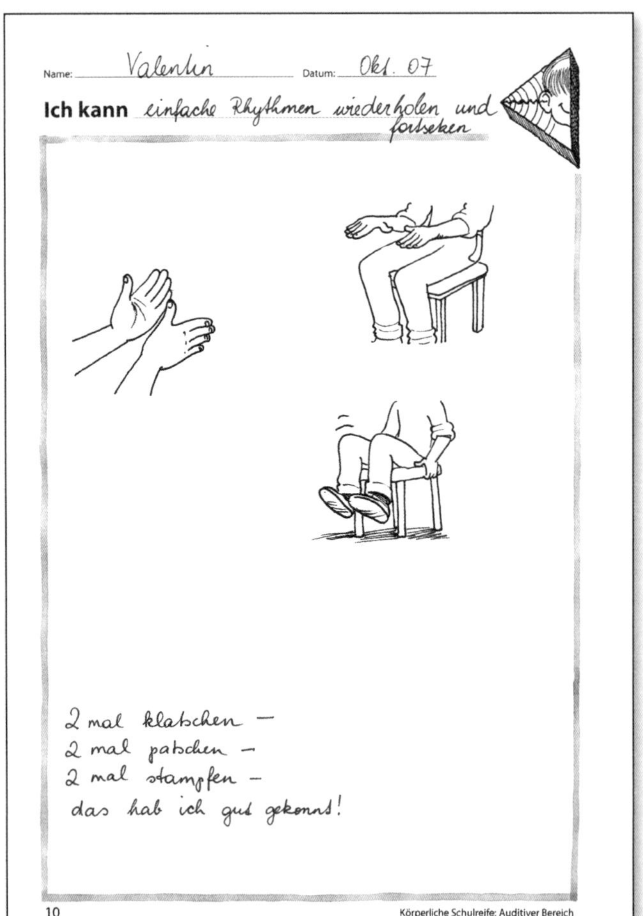

Weitere Vorschläge für Zielformulierungen:

- Ich kann Wortlängen unterscheiden.
- Ich kann Wortsilben zu sinnrichtigen Wörtern ergänzen.

Noch mehr Beispiele:

- Reif für die Schule S. 35-39
- Sprachkalender S. 7-8, 11-14, 21-22, 39-40, 50-51
- Die Zahlenstraße – alle Arbeitsblätter, die mit eigenen Worten erklärt werden

Ich kann einfache vorgezeigte Rhythmen wiederholen bzw. fortsetzen.

- Rhythmusfolge vorzeigen – Kind macht nach.
- Rhythmusfolge auf einem Tonband vorspielen – Kind wiederholt, ohne zu sehen, welche Körperinstrumente verwendet wurden.
- Rhythmus mit einfachen Symbolkarten vorgeben. Karten auflegen, Kind soll überlegen, wie es diese Rhythmusfolge darstellt. → KV 1
- Rhythmus nur pantomimisch andeuten, Kind setzt ihn akustisch um.

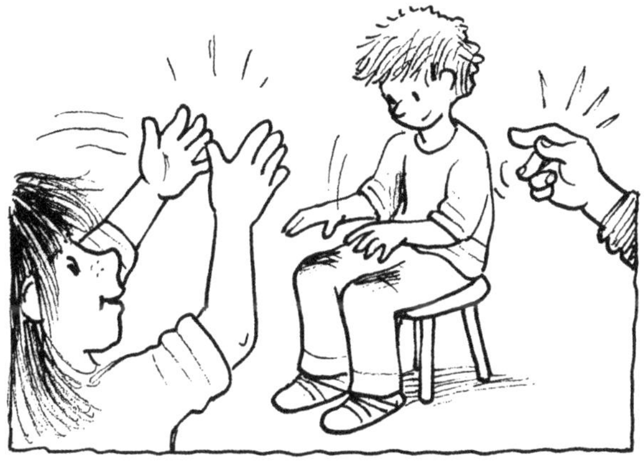

Dokumentationsmöglichkeiten:
- *Audio-Aufnahme*
- *Kärtchen einkleben*

Ich kann Reimwörter hören und herausfinden.

- Bildkarten benennen – horchen – ähnlich klingende Wörter wiederholen und passende Bilder als Paare auflegen. → KV 1a
- Eigene Reimwörter zu bekannten Wörtern suchen, diese auch bildnerisch darstellen.
- Dinge (auch Abbildungen davon!) sammeln, die „sich reimen".

Dokumentationsmöglichkeiten:
- *Bildpaare einkleben*

KV 1a

Ich kann eine gehörte Geschichte mit eigenen Worten wiederholen.

- Während der Erzählung stoppen und das Kind den letzten Satz wiederholen lassen. Satz unterbrechen und fortsetzen lassen. Am Ende die Geschichte erzählen lassen.

Dokumentationsmöglichkeiten:
- *Zeichnung der Geschichte*
- *Audio-Aufnahme*

Ich kann gut zuhören.

- Aufmerksamkeit bei Geschichten verstärken, indem bei bestimmten Wörtern eine Handlung gesetzt wird (Murmel in ein Glas werfen, Finger, Hand heben, aufstehen, klatschen ...).
- Geschichten über Tiere, verschiedene Menschen erzählen, die Kinder zeigen die genannten Lebewesen mittels Fingerpuppen (siehe KV S. 45) oder heben Fotos hoch.
- Erzählschritte von Geschichten mittels richtig gelegter Bildfolgen wiederholen.
- Manche Wörter von Geschichten durch eine pantomimische Darstellung zeigen (Haus, Baum, Hase ...).

Dokumentationsmöglichkeiten:

- *Erzählung der Kinder wird aufgeschrieben*
- *Kopie der Geschichte wird eingeklebt*

Ich höre und kann sagen, woher ein Geräusch kommt.

- Kinder sitzen im Kreis, ein Kind sitzt in der Mitte mit geschlossenen oder verbundenen Augen. Ein Kind aus dem Kreis macht ein bestimmtes Geräusch mit seinem Körper (z. B. klatschen, stampfen, mit der Zunge schnalzen, auf den Sessel klopfen, Hände aneinander reiben, Füße scharren, mit dem Sessel wackeln ...). Das Kind in der Mitte zeigt mit seiner Hand in jene Richtung, aus der das Geräusch kommt.
- Kinder liegen am Boden des Turnsaales, Augen geschlossen und ein Ohr horchend wie die Indianer am Boden. Die Pädagogin geht durch den Raum, die Kinder zeigen immer mit einer Hand in jene Richtung, aus der sie Schritte hören.
- Hinter dem Rücken des Kindes wird ein bestimmtes Geräusch erzeugt (auch z. B. mit Triangel, Flöte ...). Das Geräusch wird über den Kopf, rechts, links, unter dem Kind erzeugt, das Kind sagt, wo es etwas hört, ohne sich umzudrehen.

Ich kann bekannte Geräusche richtig benennen.

- Kinder schließen die Augen, halten die Hände vor die Augen, sitzen verkehrt zur Pädagogin. Diese erzeugt verschiedenste Geräusche, die Kinder horchen zu und müssen dann aus den angebotenen Geräuschkarten die drei ersten, die drei letzten Geräusche, das zweite Geräusch ... heraussuchen. → KV 2
- Kinder zeigen bestimmte Geräuschkarten, die Pädagogin erzeugt versteckt ein Geräusch, Kinder überprüfen, ob das stimmt.
- Kinder suchen Geräuschkarten und versuchen die richtigen Geräusche selber zu erzeugen.

Dokumentationsmöglichkeiten:

- *Geräuschkarten (erkannt) aufkleben*

Ich kann hören und unterscheiden, ob jemand nett oder böse spricht.

- Stimmen hören, Stimmen verstellen, Gesichtszüge überprüfen bei der jeweiligen Stimmlage.
- Gesichtszüge auf Bildkarten mit Smilies suchen und dazu in der richtigen Stimmlage sprechen. → KV S. 73
- Märchen anhören, wer spricht nett und wer spricht böse. Beim Zuhören entsprechende Bildkarten von den Kinder auflegen lassen; Passagen imitieren.
- Situationsbezogenes Sprechen üben für die verschiedensten Gelegenheiten: Verbote, Zustimmungen, Aufmunterung. Trost, Geheimnis ...

Dokumentationsmöglichkeiten:

- *Smilykarten einkleben und eine passende Märchenfigur dazu zeichnen*

Kopiervorlagen:

KV 1

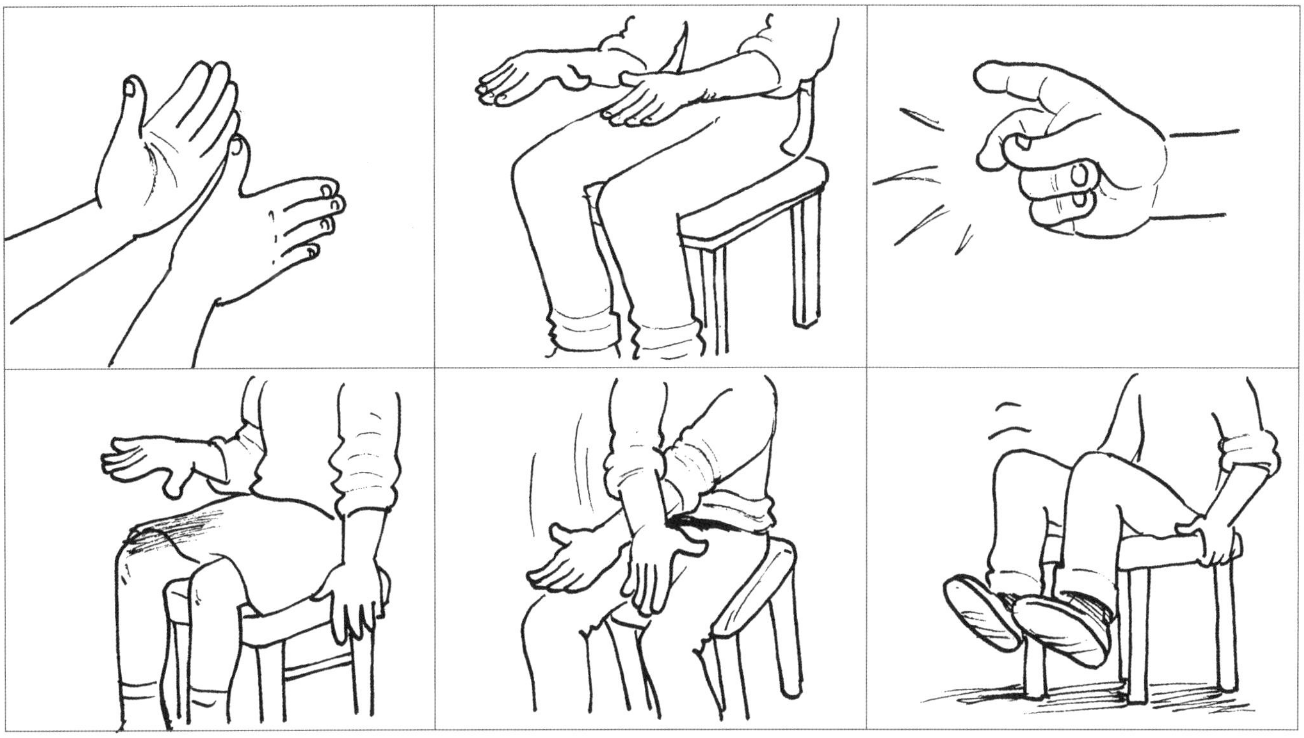

KV 2

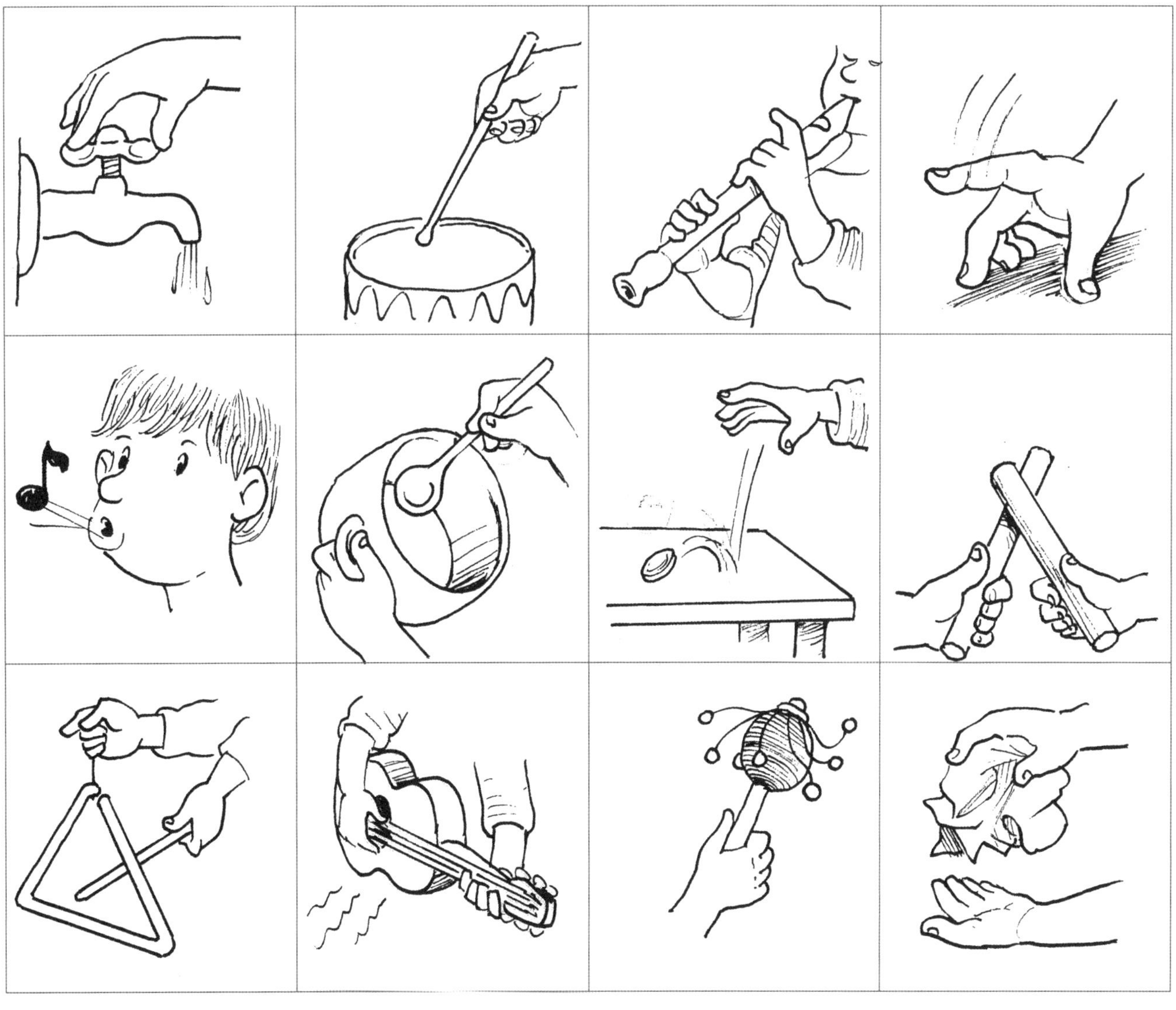

Weitere Vorschläge für Zielformulierungen:

- Ich kann anderen Fragen stellen.
- Ich kann Wörter mit bestimmten Anlauten nennen.

Noch mehr Beispiele:

- Reif für die Schule S. 40-43
- Sprachkalender S. 17-18, 21-22, 29-32, 45-46, 53-56

Ich verstehe Anweisungen.

- Mündliche Anweisungen richtig ausführen – Dinge von bestimmten Plätzen holen; Spielzeug auf bestimmten Plätze positionieren; wichtige Mitteilungen anderen Kinder richtig weiter sagen ...

Dokumentationsmöglichkeiten:

- *Zeichnung des Kindes, das die Übung bzw. den Inhalt der Geschichte zeigt*
- *Gegenstände aufzeichnen, die geholt wurden*

Ich kenne viele Wörter.

- Alles aus der Umgebung benennen, in Büchern, Zeitschriften und Zeitungen Bilder betrachten und benennen.
- Merkspiele mit Begriffen, mit neuen Wörtern und Bildkarten ausführen.
- Bildkarten auflegen, Kinder „sammeln Wörter" auf einem Pappteller. Alle Bilder die richtig benannt werden, legt man auf das Teller.
- Wortsymbolkarten (z. B. „trinken", „laufen" ...), die man benennen kann, an Schnüre hängen. Mithilfe der Bilder Sätze und Geschichten erfinden.
- Bekannte Wörter verändern – richtige und unrichtige Wörter finden.

Dokumentationsmöglichkeiten:

- *Fotos von den vielen Wörtern*
- *Zeichnung des Kindes mit den genannten Wörtern*
- *genannte Wörter der Kinder werden aufgeschrieben*
- *Audio-Aufnahme*

Ich kann Geschichten erzählen.

- Geschichten aus dem Alltag im Kindergarten erzählen. Der Erzähler könnte auf einem eigenen Erzählsessel (groß und gemütlich) sitzen.
- Geschichten aus der Familie (Geburt eines Geschwisterchens, Anschaffung eines Hautieres, Besuch der Großmutter ...)
- Fantasiegeschichten, die durch einen Film, durch Reizwörter, durch gruselige Wörter aus der Wortkiste ... angeregt wurden.

Dokumentationsmöglichkeiten:

- *Tonbandaufnahmen*
- *Fotos oder Bilder von den Geschichten*
- *Geschichte, die von der Pädagogin aufgeschrieben wird*

Ich kann in ganzen Sätzen sprechen.

- Alltägliche Handlungen beschreiben bzw. anleiten: Wie der Tisch gedeckt wird; wie ich mich anziehe; wie ich mir die Hände wasche ... → KV 1
- Erlebnisse beschreiben: Eine Sandburg bauen; einen Ausflug machen; ein Wochenende mit meiner Familie; das war ein schöner Tag – Tagesablauf ... → KV 2
- Gegenstände, Orte ... beschreiben: z. B. Lieblingsplatz, Lieblingsspielzeug ... – daraus lassen sich auch einfache Rätsel machen.

Dokumentationsmöglichkeiten:

- *Zeichnung des Kindes, das die Übung bzw. den Inhalt der Geschichte zeigt*
- *Erzählung der Kinder wird aufgeschrieben*
- *Bildkarten einkleben, die das Gesagte unterstützen*
- *Audio-Aufnahme*

Ich kann die Laute A, E, I, O, U deutlich aussprechen.

- Aussprache dieser Laute vor dem Spiegel üben – Mundstellung mit Lippenstift nachmalen und vergleichen. Mundstellungen üben und beim Sprechen genau hinhorchen.
- Lautkärtchen auflegen und anhand der Mundstellung den richtigen Laut sprechen. → KV 3
- Wörter / Dinge in der Umgebung suchen, die mit diesen Lauten beginnen und in die entsprechenden Eimer geben. → Abb. 1
- Verschiedene (An)laute (auch Konsonanten) im Spiel, in einem Lied kombinieren (z. B. Drei Chinesen mit dem Kontrabass ...).
- Überprüfen von Silben – was ist sinnvoll, was ist sinnlos? (z. B. ab, am, as, ar, al, ak, an ...)

Dokumentationsmöglichkeiten:

- *Fotos von den ausgeführten Übungen/ Mundstellungen*
- *Zeichnung des Kindes, das die Mundstellung zeigt*
- *Lautkärtchen einkleben*
- *genannte Wörter aufschreiben, Bilder der Wörter einkleben*

Ich kann auf Fragen antworten.

- Fragenblatt erstellen (KV 4), bei den Fragen darauf achten, dass es sich um keine Entscheidungsfragen (ja, nein) handelt.
- Antworten erweitern, sodass ein Teil der Frage wiederholt und in ganzen Sätzen geantwortet wird.

Dokumentationsmöglichkeiten:

- *Frageblatt einkleben*
- *gezeichnete Antworten*
- *Antworten werden aufgeschrieben*
- *Audio-Aufnahme*

Kopiervorlagen:

KV 4

Wie heißt du?

Wie alt bist du?

Wo wohnst du?

Welchen Beruf haben deine Eltern?

Was isst du gern?

Was tust du gern?

Worüber freust du dich besonders?

Woran denkst du, wenn du das Wort Schule hörst?

KV 1

KV 2

in der FRÜH
am VORMITTAG
zu MITTAG
am NACHMITTAG
am ABEND

KV 3

A
E
I
O
U

Weitere Vorschläge für Zielformulierungen:

- Ich kann meine Körperteile so bewegen, wie es mir gesagt wird (rechte Hand am rechten Ohr, linke Hand am rechten Knie ...)
- Ich kann mich nach bestimmten Angaben bewegen (2 Schritte nach vor, 1 Schritt links, 2 Schritte zurück ...).

Noch mehr Beispiele:

- Reif für die Schule S. 44-47
- Sprachkalender S. 15-16, 23-24, 33-34, 37-38,
- Die Zahlenstraße KV 8-13, 33

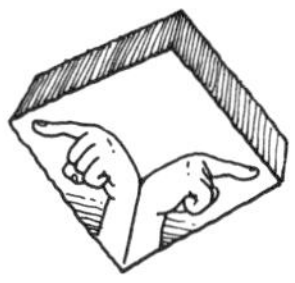

Ich kann ein Bild von mir zeichnen.

- Bilder in verschiedensten Größen von sich selbst zeichnen lassen – auch in verschiedensten Positionen malen und zeichnen lassen:
  - an der Wand stehend
  - auf dem Boden liegend
  - am Tisch sitzend / stehend
  - auf dem Rücken liegend (auf der Unterplatte des Tisches über dem Kopf des Kindes)

Ich kann die wichtigsten Körperteile zu einem ganzen Körper zusammensetzen.

Abb. 1

- Auf einem eigenen Bild Körperteile zeigen, ausschneiden und wieder richtig zusammensetzen, ebenso an einer Gliederpuppe (KV S. 41); Teile der Gliederpuppe am eigenen Körper und bei einer Puppe zeigen.
- Verschiedenste Körperstellungen ausprobieren und mit der Gliederpuppe bzw. mit einer Puppe nachstellen.
- Vorgegebene Körperstellungen (anhand der Konstruktion der Gliederpuppe bzw. der Körperstellung einer Puppe) mit dem eignen Körper zeigen.
- Nur aus Bausteinen, Holzstäben und Kartonstreifen einen Körper bauen und überprüfen, ob alle wichtigen Körperteile vorhanden sind. → Abb. 1
- Bestimmte Körperteile bewusst machen, indem Sandsäckchen, Kärtchen aufgelegt werden bzw. Klebepunkte aufgeklebt werden. → Abb. 2
- Mithilfe von Strichmännchenkarten die Körperstellungen mit Plastilin, Pfeifenputzern, Wollfäden oder Schnüren nachlegen. → KV 1
- Kind liegt auf dem Boden, sein Körper wird mit Kreide umfahren oder mit einer Schnur nachgelegt. Kind steht auf und legt je nach Frage Bausteine auf bestimmte Körperteile, bzw. zeigt sie am eigenen Körper oder auf Abbildungen auf Kärtchen. → KV 2

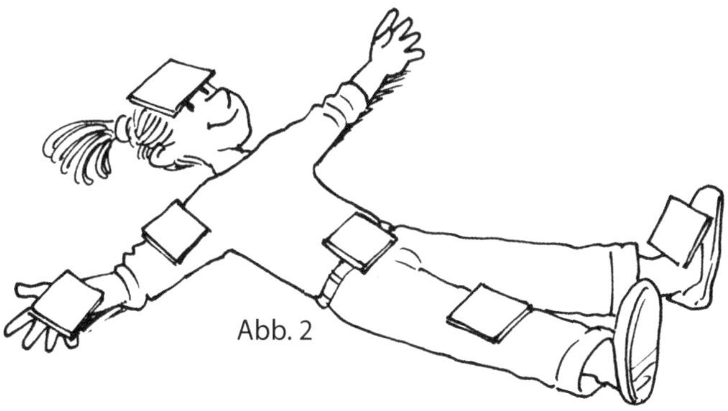

Abb. 2

Dokumentationsmöglichkeiten:

- *Zeichnung des Kindes, die die Körperteile oder die Umrisse der Gliederpuppe zeigt*
- *Gliederpuppe aufkleben*
- *Strichmännchen zeichnen, mit Wollfäden oder Pfeifenputzer kleben*

Ich kann meine Körpermitte überkreuzen.

- Laufen auf allen Vieren (Handflächen und Fußsohlen sind am Boden). Diese Übung darf nicht in einem Robben enden.
- Kind beim Gehen auf der Treppe beobachten, die Überkreuzung der Körpermitte zeigt sich, indem das Kind abwechselnd Fuß vor Fuß vorsetzt.
- Hopserlauf – hüpfen – rascher Beinwechsel.

Dokumentationsmöglichkeiten:

- *Bewegungskärtchen einkleben*

Ich verwende beim Zeichnen, Malen und Schneiden meistens meine ___________ Hand.
Ich verwende meistens meinen ___________ Fuß, um beim Rollerfahren anzuschieben.

- Kind soll bei den angeführten Aufgaben beobachtet werden. Jene Hand, die bevorzugt genommen wird, soll gekennzeichnet werden (**re**chte Hand mit einem **ro**ten Band, **li**nke Hand mit einem **li**la Band).
- Kind in verschiedenen Situationen beobachten, z. B. wenn sich das Kind die Zähne putzt, einen Nagel einschlägt, das Licht aufdreht, Kreise mit einer Hand und gleichzeitig unter dem Tisch mit einem Fuß zeichnet, mit beiden Händen Regentropfen und Striche zeichnet. Welcher Hand gelingt das bessere Ergebnis?
- ANMERKUNG: Eine Beidhändigkeit in dieser Altersstufe ist normal, die Dominanz kann sich auch erst später zeigen.

Dokumentationsmöglichkeiten:
- *Zeichnung des Kindes mit dominanter Hand, Fuße, Auge und Ohr*
- *Armbändchen einkleben*

Ich kann gut zeigen, wo rechts, links, oben, unten, vorne, hinten, ... ist.

- Sich vorerst mit seinem Körper im Raum orientieren. Den Körper je nach Anweisung nach rechts, links, vorn, hinten ... drehen. Bestimmte Dinge in verschiedenen Richtungen anbieten – sagen, wo man diese sieht. Als kleine Hilfe kann ein Fingernagel der rechten Hand rot und ein Fingernagel der linken Hand lila angestrichen werden. Bei auftretenden Schwierigkeiten für längere Zeit nur eine Seite / eine Richtung spielend üben und hervorheben.
- Die Begriffe der Raumorientierung stetig erweitern (unten, oben, dazwischen ...). Spielzeug positionieren und dann beschreiben.
- Bereits aufgelegte Dinge abräumen und immer die Lage zu seinem Körper angeben. Der Affe sitzt vor mir, das Haus steht rechts von mir ...
- Ein Kartonblatt falten und Kleinmaterial anordnen: Perle links unten, 2 Knöpfe rechts unten ... → Abb. 1
- Bilder und Fotos betrachten und die Abbildungen laut ihrer Position beschreiben. Das Auto steht vor dem Baum ...
- Kleidungsstücke in der Garderobe nach Anleitung hinlegen / aufhängen.
- Tisch decken, Spielsachen in eine bestimmte Ordnung bringen.

Dokumentationsmöglichkeiten:
- *Faltblatt mit gelegten und geklebten Dingen einkleben*

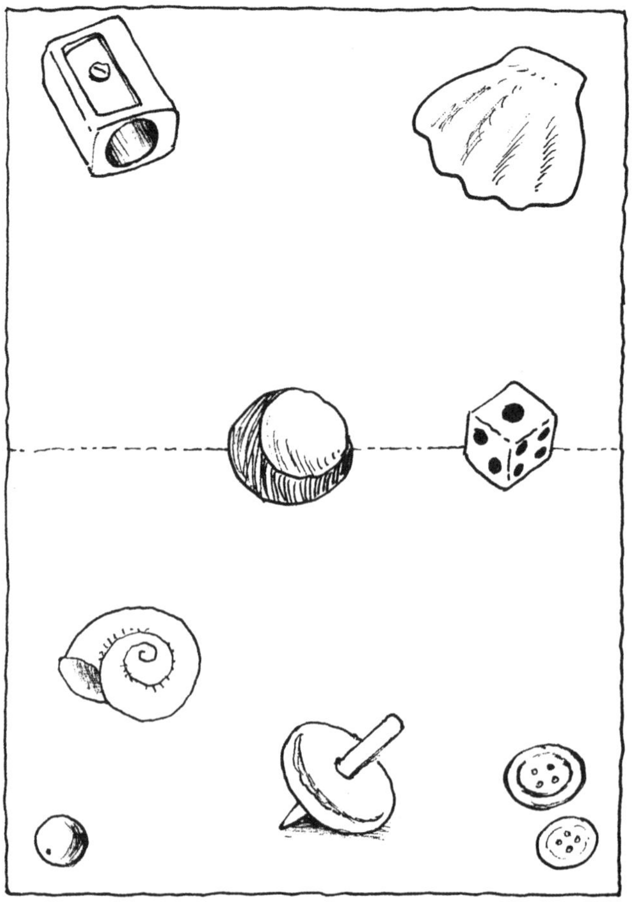

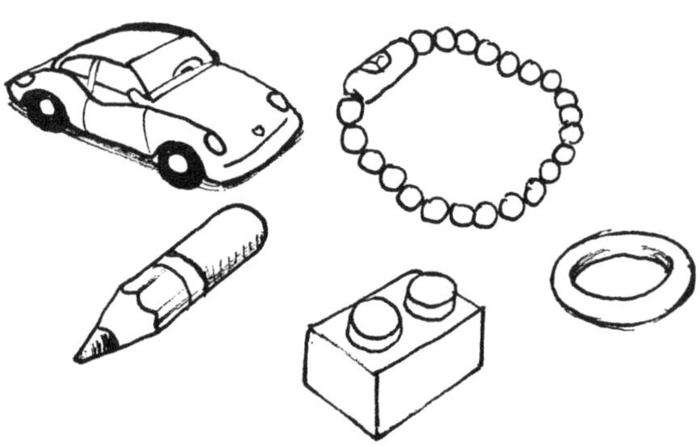

Kopiervorlagen:

KV 1

KV 2

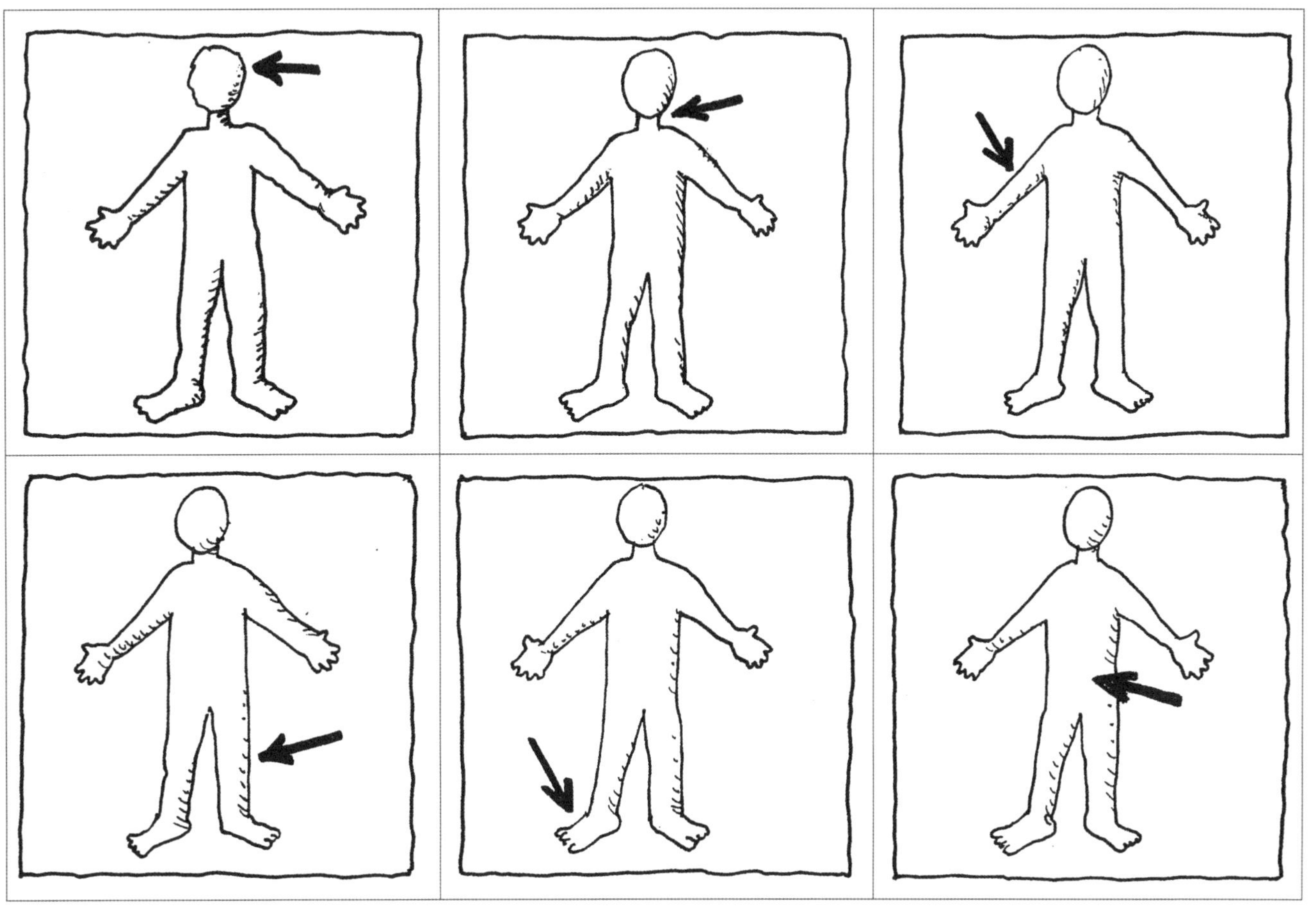

Weitere Vorschläge für Zielformulierungen:

- Ich kann es sagen, wenn mir etwas nicht gefällt.

Noch mehr Beispiele:

- Reif für die Schule S. 48-50
- Sprachkalender S. 33-34, 51-52

Ich bin freundlich zu anderen Kindern.

- Situationen aufzählen, die freundliches Verhalten zeigen. Im Kreis über das Freundlichsein sprechen, wer kann über freundliches Verhalten von anderen berichten.
- Kinder dazu anregen, dass sie immer kommen und erzählen, wenn jemand zu ihnen freundlich war oder sie zu jemanden freundlich waren.
- „Freundschaftsdienste" besprechen:
  - beim Bauen helfen
  - beim Wegräumen helfen
  - begrüßen
  - verabschieden
  - bitte und danke sagen
  - Tür aufhalten

Dokumentationsmöglichkeiten:

- *Zeichnung des Kindes beim Freundschaftsdienst*

Ich spreche gerne mit anderen Kindern.

- Ziel ist, dass die Kinder zu einer regen Unterhaltung angeregt werden. Man sollte mit möglichst vielen Kindern sprechen, kein Kind ausschließen. In diesen Gesprächen darauf hinweisen, dass man Fragen stellen kann. Immer wieder sollte das Antworten geübt werden.
- Mit Hilfe von Bildern, den Namen der Kinder oder deren Symbolen eine Art „Sprechsoziogramm" der Kinder erstellen (→ KV) oder Liste erstellen, auf der die Kinder im Lauf einer Woche immer wieder die Bilder, Namen bzw. Symbole jener Kinder einkreisen, mit denen sie gesprochen haben.
- „Quatschecken" schaffen – gemütliche Lümmelmöbel, wo die Kinder in aller Ruhe sprechen können. Sie sollten von keinem Spielzeug, von keinen Geräuschen oder Zuhörern abgelenkt werden.

Dokumentationsmöglichkeiten:

- *Fotos aus der Quatschecke*
- *Blatt mit den Namen oder Symbolen jener Kinder, mit denen das Kind gesprochen hat*
- *Sprechsoziogramm*
- *Aufnahme eines Kindergesprächs*

Ich kann gut zuhören, wenn mir jemand etwas erzählt.

- Kinder können in allen möglichen Formen (siehe Dokumentation) das Erzählte, das Gesprochene festhalten. Wichtig ist, dass auch die Dokumentation von den Kinder immer wieder in Worte gefasst wird.
- Hilfe sind immer wieder Bildkarten, die z.B. die Abfolge einer Geschichte zeigen, oder Symbole von Begriffen, die in diesen Erzählungen vorkommen.

Dokumentationsmöglichkeiten:

- *Foto, das die Kinder beim Zuhören zeigt (das Kind muss aber die Geschichte wiedergeben können)*
- *Zeichnung des Kindes über die Erzählung*
- *Bildkarten über die Erzählung in der richtigen Reihenfolge aufkleben*
- *ausgeschnittene Bilder aus Katalogen und Zeitschriften, die Begriffe der Unterhaltung zeigen, „als roten Faden aufkleben"*

Ich warte bis ich an der Reihe bin.

Dokumentationsmöglichkeiten:
- *Zeichnung des Kindes über das Warten in der Reihe*

Ich helfe anderen gerne.

- Auch hier könnte einer Helferliste (KV1) die Hilfsbereitschaft des Kindes dokumentieren.

Dokumentationsmöglichkeiten:
- *Zeichnung des Kindes, wem es hilft*
- *Helferliste*

Ich halte mich an unsere Regeln.

- Regeln, die gemeinsam mit den Kindern erarbeitet werden und wenn möglich auch von den Kindern gezeichnet werden, gut sichtbar in den Räumen anbringen. Immer wieder diese Abbildungen mit den Worten der Kinder erklären lassen.
- Konsequenzen aufzeigen, die beim Verstoß dieser Regel angewendet werden.

Dokumentationsmöglichkeiten:
- *Fotos der gezeichneten Regeln, wenn sie vom Kind eingehalten werden*
- *Zeichnung des Kindes über bestimmte Regeln*
- *Hakenliste über das Einhalten der Regeln*

Kopiervorlagen:

KV 1

Ich helfe gern!	
WEM? 	WOBEI? 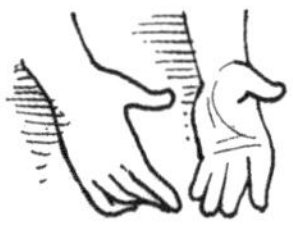

Name:

____

Ich spreche
gern mit:

Sprechsoziogramm: Kindernamen in Sprechblasen eintragen (lassen); Symbole der Kinder dazuzeichnen; Situationen beschreiben

Name: Valentin Datum: Nov. 07

Ich kann gut allein spielen

„Da spiele ich allein. Da kann ich alles allein nehmen. Da baue ich einen Turm."

18 Sozialemotionale Schulreife: Emotionale Stabilität

Name: JULIANE Datum: Nov. 08

Ich kann Gefühle erkennen und beschreiben

„Das ist am besten!" →

„Das mag ich nicht so!" →

18 Sozialemotionale Schulreife: Emotionale Stabilität

Name: Konstantin Datum: April 08

Ich kann meine Gefühle gut zeigen

„Ich freue mich, wenn ich Geburtstag habe!"

„Ich bin grantig!"

„Das gefällt mir!"

18 Sozialemotionale Schulreife: Emotionale Stabilität

Noch mehr Beispiele:

- Reif für die Schule S. 51-52
- Sprachkalender S. 25-26

Ich wage mich an unbekannte Aufgaben.

- Gerade im letzten Kindergartenjahr sollten die Kinder die Möglichkeit haben, Aufträge alleine auszuführen. Das Selbstvertrauen der Kinder sollte gestärkt werden, es sollte bewusst geübt werden, dass man allein Lösungswege finden kann und nicht immer gleich Hilfe bei der Pädagogin sucht.
- Forscher/Forscherinnen-Tagebuch führen: Kinder können ankreuzen oder ihre Beobachtungen aufzeichnen, z. B.: Wetterstation, Entwicklung/Wachstum von Tieren oder Pflanzen beobachten (z. B. Kaulquappe – Frosch; Bohne – Pflanze ...); Experimente mit Wasser, Luft ...

Dokumentationsmöglichkeiten:
- *Aufgabe mit Kommentar einkleben*
- *Forscher/Forscherinnenblatt einkleben*

Ich kann gut sagen, was ich will.

- In Rollenspielen immer wieder geeignete Sprechmuster einüben, die beim Ausdrücken der eigenen Wünsche helfen:
  - Darf ich bitte ...
  - Ich würde gerne ...
  - Ich möchte sagen, dass ...
  - Kann ich bitte ...
  - Ist es möglich, dass ...
- Hier ist es auch wichtig, dass Pädagoginnen nur auf wirklich verständliche Formulierungen reagieren und den Kindern zum Sprechen Zeit lassen.
- Keinesfalls sollte auf verkürzte Sprechphrasen bzw. „Wortfetzen" (z.B. „Trinken!", „Glas!" ...) reagiert werden. Die Sprache der Pädagoginnen und der Eltern ist Vorbild für die Kinder.

Dokumentationsmöglichkeiten:
- *Foto mit eindeutiger Geste, Pädagogin kann Worte dazuschreiben*
- *Zeichnung des Kindes über den Wunsch, die Bitte ... die es richtig geäußert hat*
- *Kopiervorlage mit Sprechmuster, jene die oft verwendet wurden einkreisen*

Ich kann zeigen, dass ich gut (oder weniger gut) aufgelegt bin.

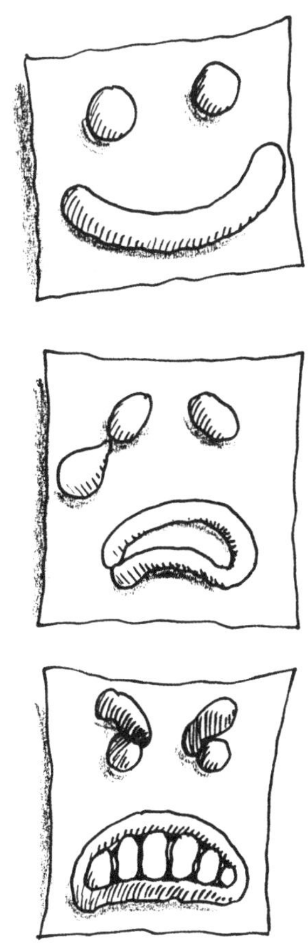

- Von großer Bedeutung ist das Sprechen über Gefühle. Kindern muss bewusst gemacht werden, dass man auch traurig, wütend, lustig, ruhig ... sein kann. Es müssen immer wieder Situationen besprochen werden, die bestimmte Gefühle hervorrufen.
- Kinder, die weniger gut sprechen können, sollen die Möglichkeit der Darstellung der Gefühle haben – Gesichtsausdrücke als Symbole zeichnen, mit Plastilin (→ Abb.) oder aus Pfeifenputzern formen, mit Kreide an die Wand malen.
- Kärtchen gestalten, die man an bestimmen Tagen an seinen Pulli heften kann, damit andere genau wissen, wie es mir heute geht. → KV 2
- Man kann diese Symbole auch beim Erzählen von Geschichten einsetzen, die Kinder versetzen sich in eine Figur der Geschichte und zeigen, wie es dieser Figur geht.
- Symbole können auch durch Pantomime gezeigt werden (wie sehe ich aus, wenn ich juble?) – Rätsel: Welches Gefühl wird hier dargestellt? → KV 3
- Situationen vor dem Spiegel beobachten – Bildkarten (Gesichtsausdrücke – Kopiervorlagen) nachstellen vor dem Spiegel, Mundstellung am Spiegel mit Lippenstift nachmalen.

- Ein „Gefühlometer" basteln aus Karton. Mit einer Wäschekluppe kennzeichnet man das für den Tag zutreffende Symbol. Diese Arbeit mit Symbolen muss immer wieder versprachlicht werden. → KV 1

Dokumentationsmöglichkeiten:

- *Zeichnung / Fotos des Kindes über seinen jeweiligen Zustand in einer bestimmten Situation*
- *Gefühlskärtchen, die angewendet wurden bzw. erklärt werden können, einkleben*
- *Gefühlebarometer einkleben*

Ich kann auch alleine gut spielen oder arbeiten.

Dokumentationsmöglichkeiten:

- *Zeichnung über die Arbeit*
- *Bearbeitetes Blatt oder Kopie eines Spiels einkleben*

Ich kann mich über meine Arbeiten und Bauwerke freuen.

- Freude zeigen können über gelungene Arbeiten, sowohl durch den Gesichtsausdruck als auch mit Gesten und Lauten. Das Kind darf und soll seine gelungenen Arbeiten bewundern und sich darüber freuen, sie sollen der Ausgangspunkt und Ansporn für weiteres Arbeiten sein.
- Hier ist unbedingt der Hinweis angebracht, dass all die Freude andere nicht stören bzw. in übertriebene Gesten ausarten sollte.

Dokumentationsmöglichkeiten:

- *Zeichnung des Kindes über das Bauwerk und die Freude*

Kopiervorlagen:

KV 1

KV 2

KV 3

Name: Valentin Datum: Nov. 07

Ich ~~kann~~ mache alles fertig, was ich begonnen habe

„Die letzten Körner sind schwer gewesen, aber ich hab es geschafft!"

20 Sozialemotionale Schulreife: Arbeitshaltung

Name: Konstantin Datum: April 08

Ich kann meine Arbeit genau erledigen

„Das war schwer, aber ich hab es gut gekonnt!"

20 Sozialemotionale Schulreife: Arbeitshaltung

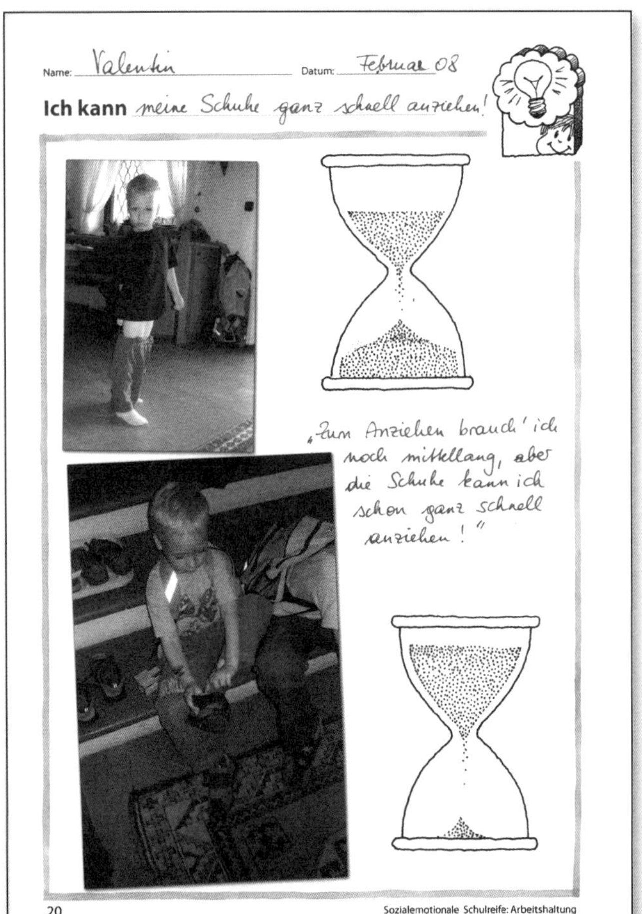

Name: Valentin Datum: Februar 08

Ich kann meine Schuhe ganz schnell anziehen!

„Zum Anziehen brauch' ich noch mittellang, aber die Schuhe kann ich schon ganz schnell anziehen!"

20 Sozialemotionale Schulreife: Arbeitshaltung

Noch mehr Beispiele:

➲ Reif für die Schule S. 53-54

Ich bin schnell beim Erledigen meiner Aufgaben.

- Hier wird gegen Ende des letzten Kindergartenjahres besonders auf die Zeit sowie auf die Sorgfalt der Aufgabenerledigung geachtet.
- Kindern mit verschiedenen Tricks ein Zeitgefühl vermitteln, z. B. eine Sanduhr aufstellen, einen Wecker auf eine bestimmte Zeit einstellen, einen Gong schlagen, wenn die vereinbarte Zeit vorbei ist ...
- Kinder auch immer wieder schätzen lassen, wie lange sie für Arbeiten brauchen könnten.
- Arbeiten und Spiele in einen Bezug zur Zeit bringen: schnell – langsam – so in der Mitte. → KV 1
- Lustige Wettspiele (z. B. Kleidung anziehen, Spielsachen wegräumen, Tasche sorgfältig einräumen ...) veranstalten.
- Zeitverlauf auf großen Uhren kennzeichnen: Startpunkt und Zielpunkt kennzeichnen.

Ich mache alles fertig, was ich begonnen habe.

- Arbeitshaltung aufbauen und konsequent einfordern. Das Erledigen einer einmal begonnenen Arbeit stark loben.
- Klare Regeln aufstellen: Arbeit fertig machen, dann beginnen wir mit der neuen Aufgabe.

Ich erledige meine Aufgaben sehr genau und sorgfältig.

Dokumentationsmöglichkeiten:

Alle angeführten Beispiele zeigen eine Vielfalt von Dokumentationsmöglichkeiten: In diesem Bereich können auch Aufgaben aus allen anderen Bereichen als Beweis verwendet werden, alles, was gelingt und dem gewählten Ziel entspricht, kann eingeheftet werden.

KV 1

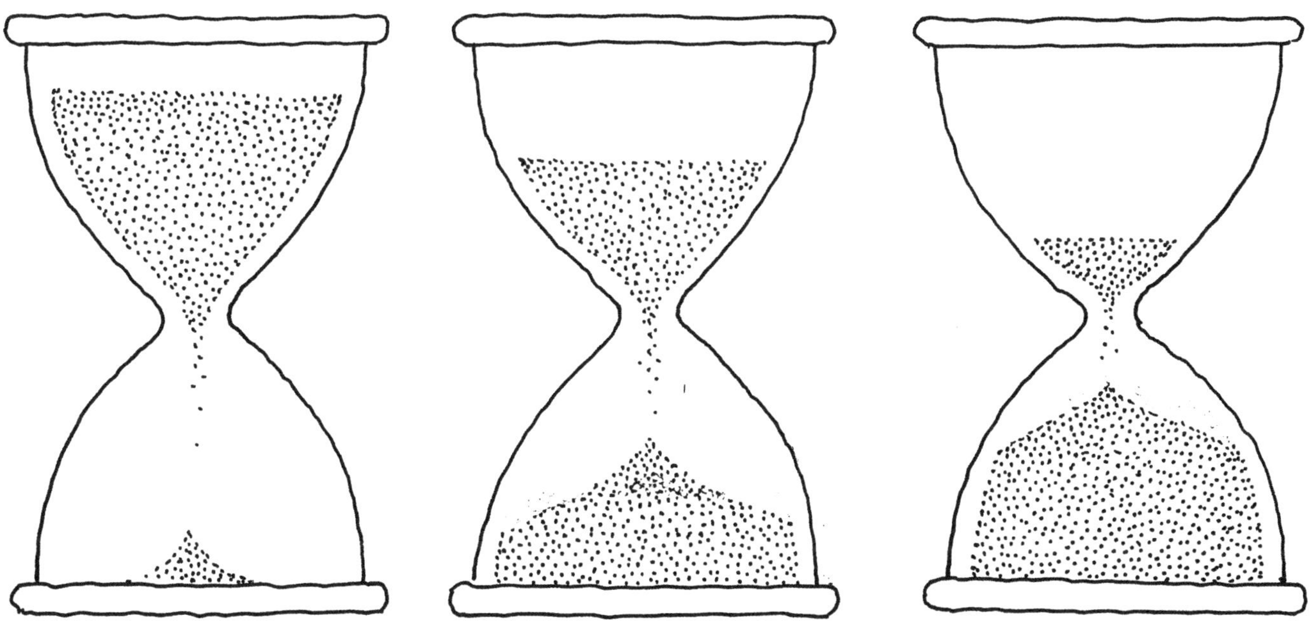

Ich bin schnell! Dafür brauche ich wenig Zeit!

Dafür brauche ich einige Zeit!

Dafür brauche ich viel Zeit!

Name: SELINA Datum: April 08

Ich kann Piktogramme verstehen und erklären

„Da warte ich auf den Kindergartenbus!"

„Da kauft Mama die Medizin."

„Das ist ein Parkplatz."

22 Kognitive Schulreife: Lesevoraussetzungen: Symbole und Formen

Name: SELINA Datum: Jänner 08

Ich kann einige Wörter erkennen

Eis

Schokolade

Limo

Kekse und

22 Kognitive Schulreife: Lesevoraussetzungen: Symbole und Formen

Name: KONSTANTIN Datum: Mai 08

Ich kann Muster fortsetzen und erkennen

KV 24

Muster zeichnen

Nimm bitte deinen Stift und zeichne nach:

Nimm bitte deinen Stift und zeichne weiter:

Nimm bitte deinen Stift und zeichne weiter:

Nimm bitte deinen Stift und zeichne weiter:

Nimm bitte deinen Stift und zeichne weiter:

22 Kognitive Schulreife: Lesevoraussetzungen: Symbole und Formen

Weitere Vorschläge für Zielformulierungen:

- Ich kann meinen Namen schreiben.

Noch mehr Beispiele:

- Reif für die Schule
- Der Sprachkalender
- Die Zahlenstraße
- Spielerische Wege zur Schriftsprache im Kindergarten; Leonhard Blumenstock, Katja Wehner, Heidi Velten, Verlag Cornelsen Scriptor 2007
- LeseSchreibSpiele zu Vorbereitung auf den Schriftspracherwerb für Kindergarten und Grundschule; Edith Tauscheck, Maria Klopsch-Wesel, Oldenbourg Schulbuchverlag 2006
- ZahlenZauberei; Ruth Dolenc, Hedwig Gasteiger, Gerti Kraft, Oldenbourg Schulbuchverlag 2005
- Bildung Mathematik: zählen, ordnen, messen: 3 bis 6 Jahre, Kita-Praxis: Rebecca Taylor; Verlag Cornelsen Scriptor 2006
- Lernen kann ich immer und überall! Weltentdeckungen und Lernanregungen für 3- bis 5-Jährige; Beth Casey, Caroline Jones, Verlag an der Ruhr 2007

Ich kann Symbole und Piktogramme verstehen und erklären.

- In der Umgebung der Kinder gibt es viele Logos und Piktogramme, die besondere Bedeutung haben und von den Kindern bereits entschlüsselt werden können.
- Logos auflegen, Fotos von Logos zeigen, Umrisse von Logos zeigen ... Kinder erklären, was sie bedeuten. Sie zeichnen die Bedeutung, sie stellen mit Spielsachen die Bedeutung dar und reden dabei:
  - Parkplatzschild: Spielzeugautos auf einer begrenzten Fläche abstellen.
  - Die Zeichen auf Toilettetüren entschlüsseln, z. B. entsprechende Kinderköpfe (Bub / Mädchen, ausgeschnitten aus Katalogen) zu den beiden Symbolen kleben.
  - Das Zeichen für die Bushaltestelle aufkleben und Busse dazuzeichnen.
- Symbole für Telefon, Schlüssel, Bücher, Bälle ... auf verschieden große Schachteln kleben und diese im Raum verteilen. Die Kinder ordnen nun alle Spielsachen, alle Bürosachen, alle Bilder, die sie aus Prospekten, Katalogen ... ausschneiden in die richtige Schachtel. Sprachliche Auflösung: In dieser Schachtel befinden sich alle Telefone ...

Dokumentationsmöglichkeiten:

- *Fotos, Zeichnungen der Piktogramme*
- *bearbeitetes Blatt oder Kopie einkleben*
- *ausgeschnittene Piktogramme aufkleben*

Ich kann Buchstaben wieder erkennen und dir sagen, woher ich sie kenne.

- Buchstabendetektive sind unterwegs: Kinder wandern mit einem Block und Stift durch den Kindergarten, mit der Pädagogin durch das angrenzende Nachbarareal und versuchen, möglichst viele bekannte Buchstaben zu entdecken und aufzuschreiben, z. B. Aufschriften an Häusern, Schilder ...
- Auch Fotos sollten davon gemacht werden, sodass der abgeschriebene Buchstabe wieder erkannt und gezeigt werden kann. Buchstaben benennen, Pädagogin nennt das ganze Wort. Aufhängen der „Wörterfotos" an der Wand, Kinder können die bekannten Buchstaben anmalen, einkreisen, benennen ...
- Wortbilder mit bekannten Buchstaben zuhause sammeln, fotografieren, mitbringen, den bekannten Buchstaben anmalen, aufschreiben – in allen Fällen: Ergebnisse den anderen Kindern zeigen und erklären.
- Bekannte Buchstaben auf allen Verpackungen suchen (Joghurtbecher, Jausenschnitte, Obstsackerl ...) und mit Farbe kennzeichnen.
- Bekannte Buchstaben auf eine Seite kleben und dazu Bilder malen, was alles mit diesem Buchstaben beginnt. Wörter ausschneiden, die mit diesem Buchstaben beginnen bzw. diesen Buchstaben beinhalten.

Dokumentationsmöglichkeiten:

- *Fotos während der Übungen (mit Forscherbrille, Lupe ...) → Seite 79, Abb. 1*
- *Buchstaben in verschiedenster Ausführung einkleben*
- *bearbeitetes Blatt oder Kopie von „Wörterfotos"*
- *„Buchstabenbuch oder Buchstabenseiten" wie oben beschrieben*

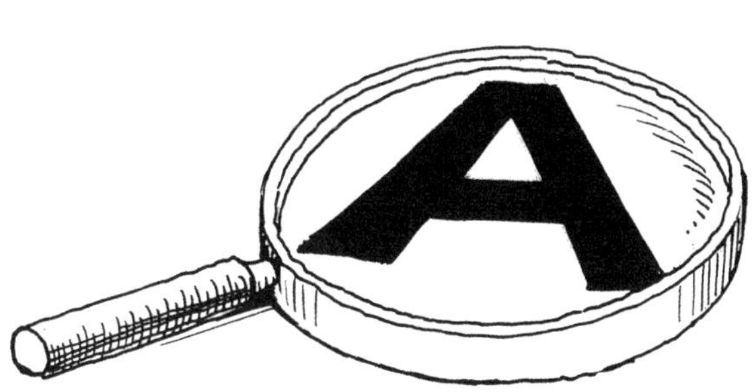

Ich erkenne bereits einige Wörter.

- Kinder suchen nach Wörtern, die sie lesen können (beim Gang durch den Kindergarten, durch den Ort, durch das Haus, durch die Schule ...) - alles, was man lesen, abschreiben bzw. kopieren und ausschneiden kann. Passende Bilder dazu suchen bzw. diese selber malen.
- Autos mit dem Emblem der Automarke fotografieren, Kinder lesen vor, was sie sehen. Sie suchen nach diesen Zeichen in Autoprospekten und schneiden Autos aus, deren Automarke sie „lesen können".
- Kinder versuchen, in Geschäften bestimmte Lebensmittel zu finden. Hilfe ist das bekannte Verpackungsmaterial, das sie aufgrund des Inhaltes vorlesen können (z.B. duplo, mars, frolic ...). In diesem Zusammenhang muss erwähnt werden, dass die Kinder keinesfalls den richtigen Namen vorlesen müssen, sie können auch nur den Inhalt mit einem Begriff beschreiben, den sie mit diesem Wortbild verbinden (z. B. frolic = Hundefutter).
- Bekannte Verpackungsmaterialien aufkleben – das Kind soll durch einfache Symbole kennzeichnen, ob man das Gelesene essen (z. B. Mund/Teller), trinken (z. B. Glas mit Strohhalm) oder zum Spielen, Schreiben ... verwenden kann
- Suchspiel: Bekannte Markennamen und ein wenig veränderte Form dieser Namen auf einem Blatt aufkleben. Kinder kreisen nur die richtige Form ein.

Dokumentationsmöglichkeiten:

- *ausgeschnittene Wörter*
- *selbst geschriebene Wörter*
- *bearbeitetes Blatt oder Kopie*

Ich kann Bilder beschreiben.

- Fotos, Bilder, die verschiedene Vorgänge abbilden, Bilder aus Bilderbüchern, selbst gemalte Bilder mit eigenen Worten beschreiben;
- Bildmaterialien in einer Reihe auflegen, ein Kind beschreibt ein Bild daraus, ein anderes Kind muss das richtige Bild aus der Reihe suchen;
- Kind beschreibt ein Bild, das mit Spielfiguren auf einem Tablett „erstellt werden soll", ein anderes Kind muss diese Bild nach dieser Anleitung bauen.
- Pädagogin versucht ein Bild zu zeichnen, das ein Kind aus seinen Vorstellungen beschreibt – Kind überprüft die Ausführung des Bildes.

Dokumentationsmöglichkeiten:

- *Zeichnung über die Arbeit*
- *Blatt, das geklebt wurde*
- *Kopie eines beschriebenen Bildes*

Ich kann allein Dinge zurückräumen und richtig einordnen.

- Für Ordnungsübungen ist es wichtig, die Kinder beim Erstellen des Ordnungssystems miteinzubeziehen. So können sie sich besser orientieren und damit identifizieren.
- Kinder können für die einzelnen Schachteln und Kästen Symbole zeichnen und aufkleben. Bekannte Buchstaben (aus den Namen der Dinge) mit Windowcolour anbringen, sodass es immer einen Anhaltspunkt gibt.
- Für jedes aufgebaute Ordnungssystem wäre es vorteilhaft, wenn neben dem Symbol auch immer der Name des Dinges, und wenn möglich auch ein mathematischer Begriff angebracht wird (Zahl, Würfelbild, groß, klein, viel, wenig, rund, eckig, spitz ...). Die Kinder nehmen so unbewusst Kennzeichen auf.
- An der Kindergarderobe beim Haken Kärtchen anbringen: Die Kinder werden so immer wieder mit Bildern, Symbolen, Worten und Ziffern konfrontiert. → KV 1, 1a

Dokumentationsmöglichkeiten:

- *bearbeitetes Blatt einkleben*

Ich kann gemeinsame Merkmale bei den Materialien und Spielsachen entdecken.

- Kinder stellen bei Spielsachen und Materialien (Naturmaterialien, gebastelte Kunststücke ...) gemeinsame Merkmale fest. Sie verbalisieren, was sie sehen, z. B. diese Spielsachen haben Räder, diese Dinge sind rund, in diese Dinge kann man etwas hinein geben. Es wird versucht, möglichst viele Merkmale aufzuzählen und die Dinge auch danach zu ordnen.
- Gemeinsame Merkmale können mit einem Klebepunkt gekennzeichnet, als Symbol auf ein Blatt gezeichnet, abgezeichnet oder genau umfahren werden. Auf diese Art und Weise wird das Gemeinsame sichtbar.
- Bei diesen Übungen in allen Bereichen forschen: Größe, Formen, Verwendungsarten, Gewicht, Farbe und Material.
- Für solche Forscherübungen kann aus Pappe eine eigene Forscherbrille gebastelt werden. Kinder sind mit Brille, Block und Stift als Forscher im Haus, im Garten, beim Wandern ... unterwegs.
- Ergebnisse dieser Forscherarbeiten immer verbalisieren, ordnen / gruppieren und ausstellen. Diskussionen anregen und aufgrund von neuen Aspekten immer wieder umgruppieren.

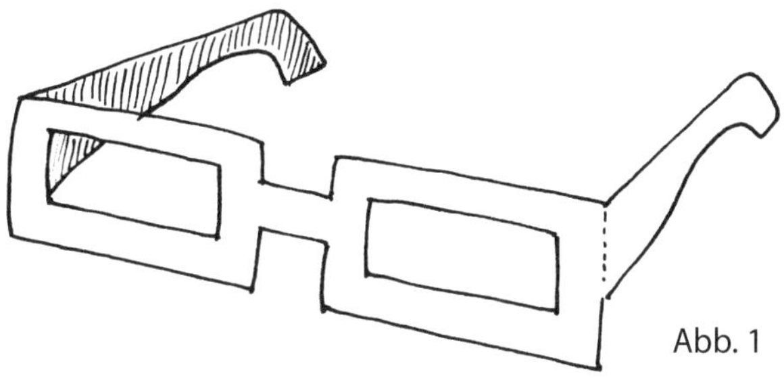

Abb. 1

Dokumentationsmöglichkeiten:

bearbeitetes Blatt oder Kopie einkleben

Ich kann Formen (○ □ △) erkennen und Unterschiede nennen (spitz, rund, eckig).

- Die angeführten Formen sehen, tasten und begehen (mit einem Seil legen, mit einem breiten Klebestreifen auf den Boden kleben).
  - Formen mit den Fingern zeigen
  - Formen mit Kindern auf den Boden legen und mit einer Schnur nachlegen bzw. mit Kreide nachzeichnen
  - Formen mit Bausteinen, Legematerialien aber auch mit Spielsachen legen und umgehen bzw. mit dem Finger umfahren.
  - Formen mit verschiedenen Materialien aufkleben (Watte, Schleifpapier, Holz, Wolle, Samt ...) und ertasten und beschreiben lassen.
- Angeführte Formen in den Sand oder Rasierschaum schreiben, an die Wand sprühen, mit einem Strohhalm und Farbe auf ein großes Blatt Papier pusten, durch Hand- und Fußabdrücke darstellen.

Abb. 2

- Formen auf Karton aufzeichnen, ausschneiden und mit der Forscherbrille im Raum suchen (Formen dienen zum Vergleich und zum Hinhalten), z. B. Tür, Fenster, Kasten, Bodenfliesen ... → KV 2
- Auf Klebeetiketten die Formen aufzeichnen und als Forscher die in der Umgebung gefundenen Formen mit der passenden Etikette bekleben.
- Formen mit den verschiedensten Materialien drucken.
- T-Shirts mit den jeweiligen Formen bemalen und die Kinder dann gruppieren; das T-Shirt „sprechen lassen": „ Ich bin rund, ich kann rollen und ich verstecke mit gerne im Turnsaal."

Dokumentationsmöglichkeiten:

bearbeitetes Blatt (z. B. Formen, die gedruckt wurden ...) oder Kopie eines Arbeitsauftrages einkleben

Ich kann verschiedene Formen legen, nachfahren und aus dem Gedächtnis zeichnen.

- Vertiefung des oben erarbeiteten Zieles indem die Formen nachgefahren, mit Plastilin geformt, mit Pfeifenputzer gedreht, mit verschiedenen Fingern gemalt werden.
- Mit dem Schreib- und Zeichenstift eine Form auf ein A4-Blatt zeichnen (so groß wie das Blatt). Durch Falten des Blattes wird die Form immer wieder an die neue Größe des Blattes angepasst aufgezeichnet. So wird die Form vielfach verkleinert und geübt.
- Eine große Rolle Papier wie auf dem Fließband beschreiben: ein Kind zeichnet immer einen Kreis, ein anderes Kind immer ein Viereck und ein Kind ein Dreieck. Dieses lustige Arbeiten kann auch unter dem Aspekt der Zeitnehmung ausgeführt werden. Die Rollen der Kinder können dann getauscht werden.
- Mit Kreide können diese Formen auch auf den asphaltierten Flächen des Kindergartens oder der Schule aufgezeichnet werden.
- Eckpunkte der Formen aufzeichnen, Kinder verbinden mit Strichen und ersehen die jeweilige Form. Daraus können auch Musterzeilen gemacht werden. → KV 3, Abb. 1
- Alle Formen eigenen sich aber auch für das Arbeiten mit Arbeitsblättern (viele Angebote in der Zahlenstraße). → KV 4

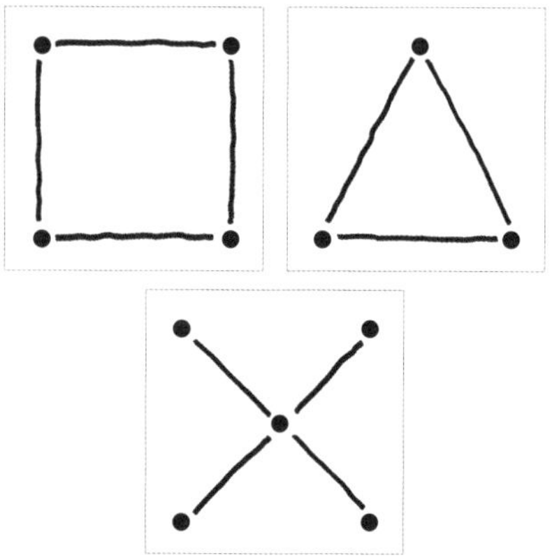

Dokumentationsmöglichkeiten:

bearbeitetes Blatt oder Kopie einkleben

Kopiervorlagen:

KV 1

 Mantel	 Jacke	 Schuhe	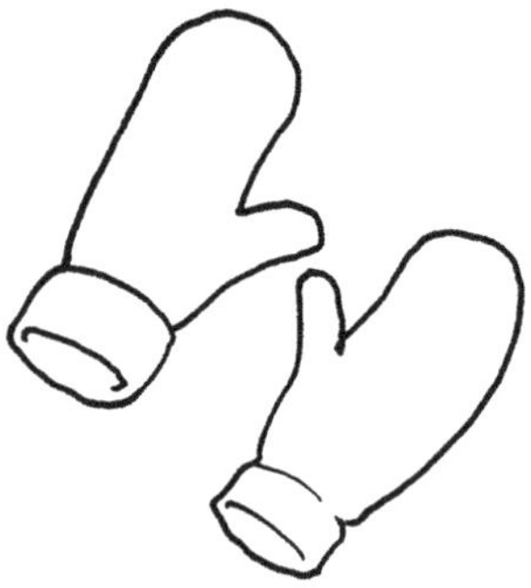 Fäustlinge
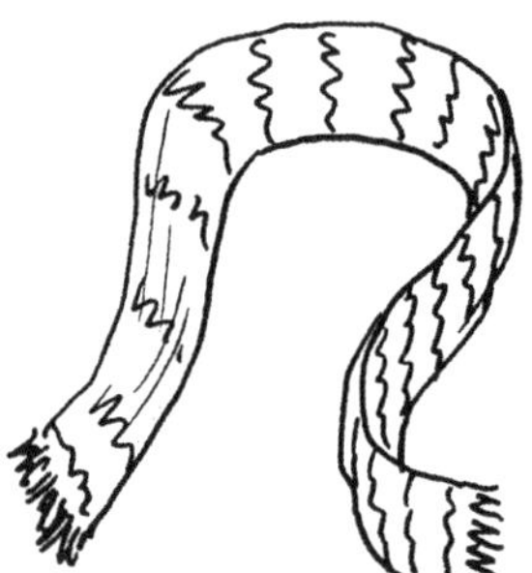 Schal	 Haube	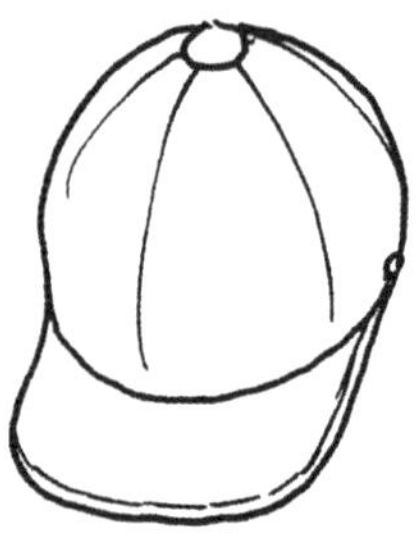 Kappe	 Stiefel

KV 1a

•	ein/eine	˙.	zwei	• •	ein Paar

KV 2

		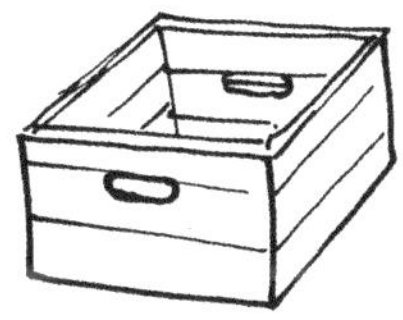		
rund	spitz	eckig	groß	klein

KV 3

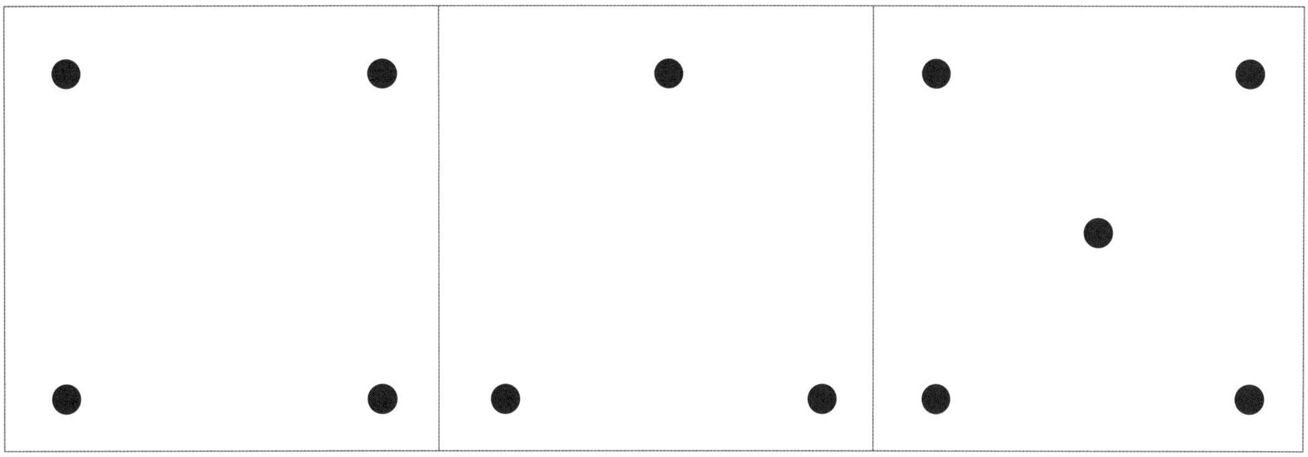

KV 4

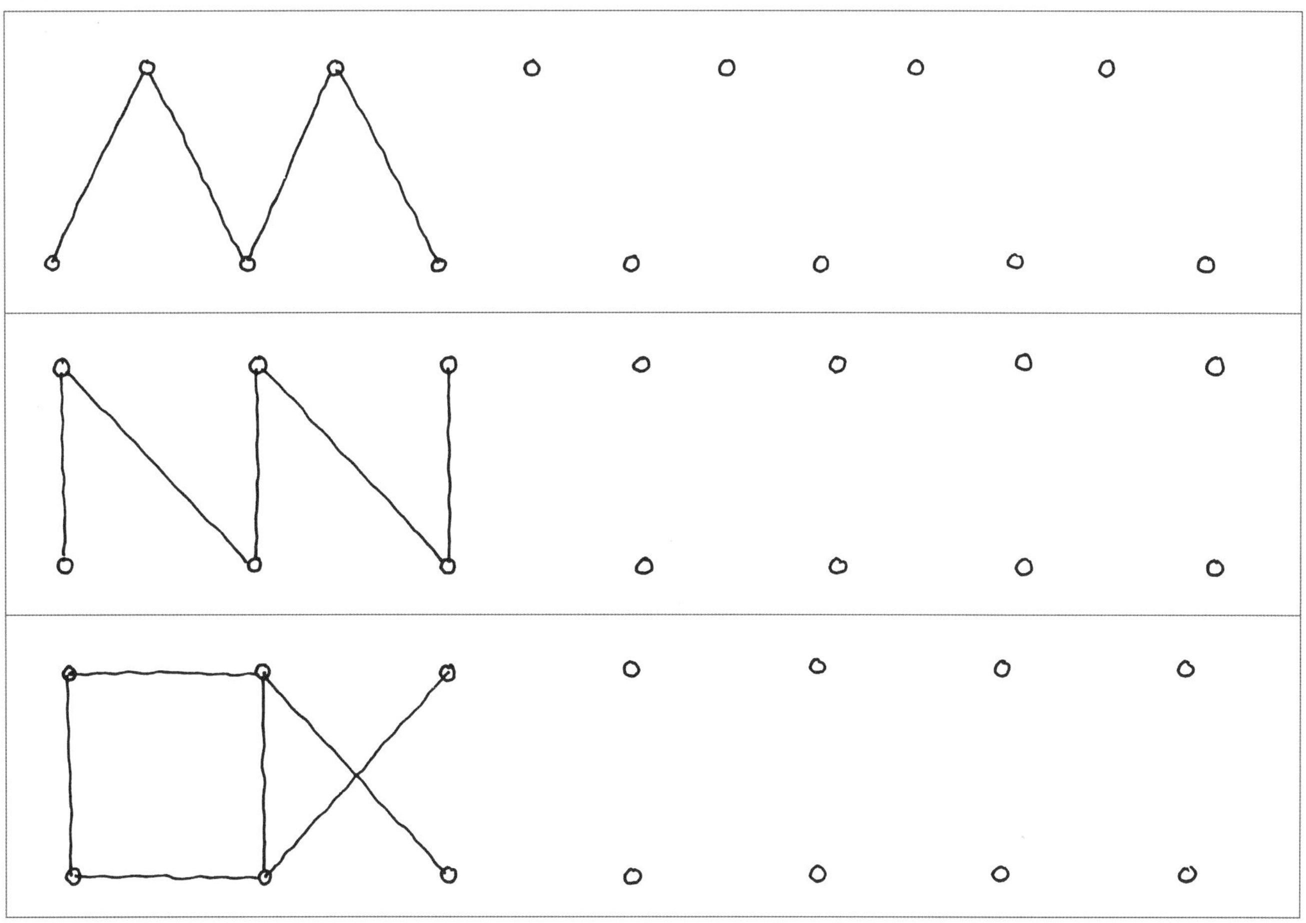

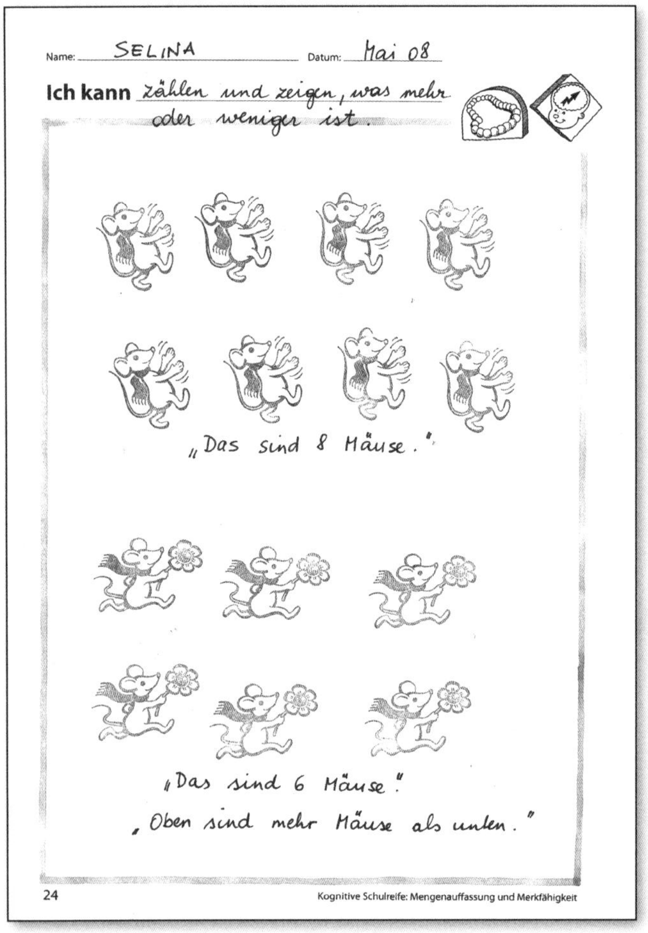

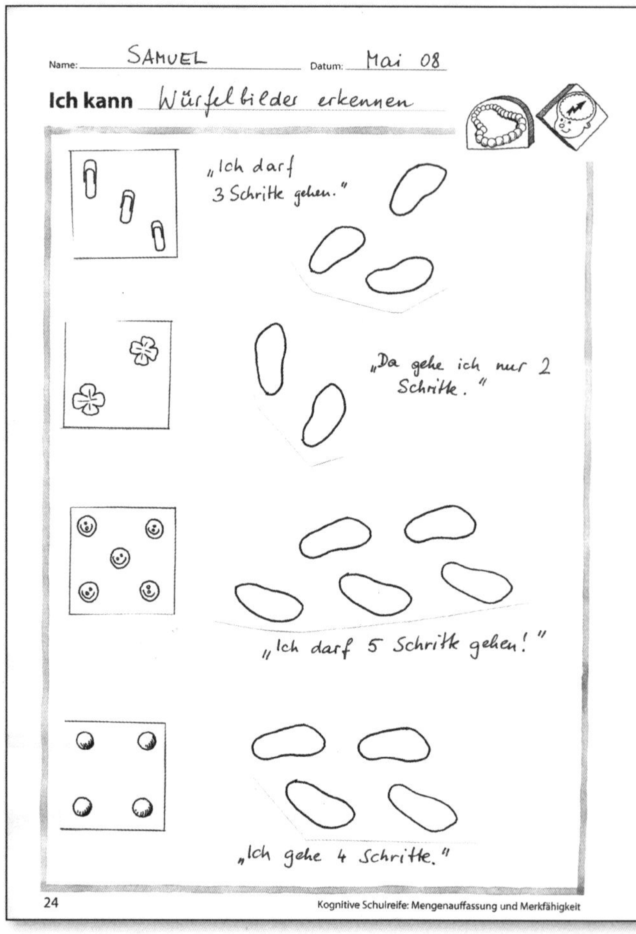

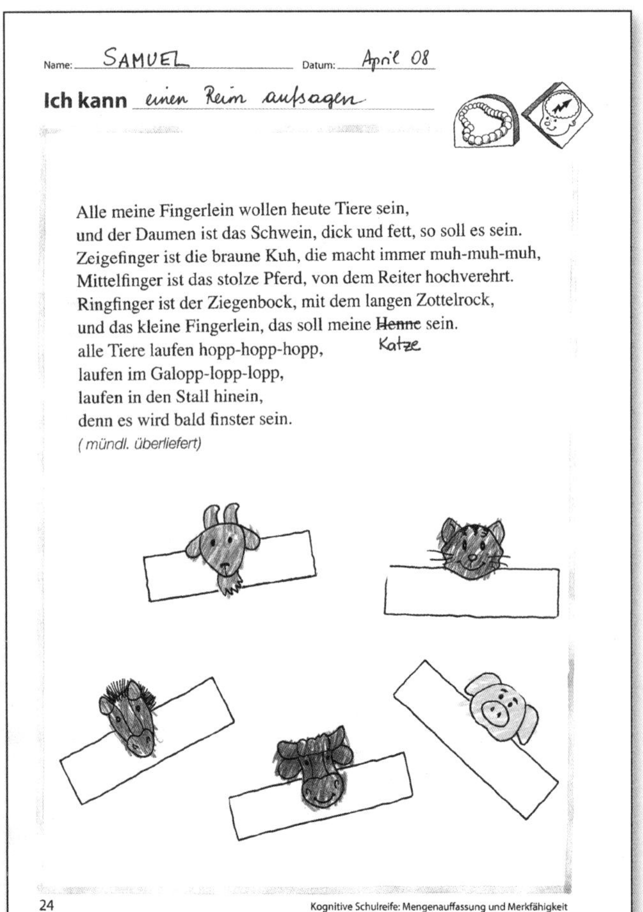

Weitere Vorschläge für Zielformulierungen:

- Ich kann sagen, was ich am Morgen/in der Früh, zu Mittag am Nachmittag und am Abend mache.

Noch mehr Beispiele:

- Reif für die Schule
- Der Sprachkalender
- Die Zahlenstraße
- Spielerische Wege zur Schriftsprache im Kindergarten; Leonhard Blumenstock, Katja Wehner, Heidi Velten, Verlag Cornelsen Scriptor 2007
- LeseSchreibSpiele zu Vorbereitung auf den Schriftspracherwerb für Kindergarten und Grundschule; Edith Tauscheck, Maria Klopsch-Wesel, Oldenbourg Schulbuchverlag 2006
- ZahlenZauberei; Ruth Dolenc, Hedwig Gasteiger, Gerti Kraft, Oldenbourg Schulbuchverlag 2005
- Bildung Mathematik: zählen, ordnen, messen: 3 bis 6 Jahre, Kita-Praxis: Rebecca Taylor; Verlag Cornelsen Scriptor 2006
- Lernen kann ich immer und überall! Weltentdeckungen und Lernanregungen für 3- bis 5-Jährige; Beth Casey, Caroline Jones, Verlag an der Ruhr 2007

Ich kann bis ________ zählen.

- Zählübungen immer im Zusammenhang mit Schritten, Fingern ... zeigen, Materialien auflegen, mit Klopfen, Stampfen ... üben.
- Umrisse von Fußabdrücken auf Teppichreste oder Karton zeichnen, diese am Boden aufkleben und aufsteigend mit Würfelbildern und Ziffern versehen. Kinder anregen, auf diesem Weg zu gehen und zu zählen. → KV 1, 2
- Treppenstufen von unten beginnend mit Würfelbilder und Ziffern bekleben, beim Treppensteigen sollen die Kinder laut zählen.
- Alle Übungen die vorwärts beherrscht werden, soll dann auch beim Rückwärtszählen versucht werden.
- Fingerkarten verwenden, Fingerstellungen nachmachen und Finger zählen. Mehrere Fingerkarten aneinender reihen und weiter zählen.

Dokumentationsmöglichkeiten:

- *Fußabdrücke aufkleben*
- *bearbeitetes Blatt oder Kopie einkleben*

Ich kenne alle Würfelbilder.

- In diesem Bereich sind natürlich alle Spiele, die mit einem Würfel gespielt werden, von großer Bedeutung.
- Würfelbilder auf Karten (Kopiervorlage) überall dort anbringen, wo man die richtige Menge erkennen kann.
- Auf alle Gläser mit Schraubverschluss, auf Schachteln mit Deckel ein bestimmtes Würfelbild aufkleben. Kinder füllen diese Gefäße mit der richtigen Menge an Materialien (hier muss bereits auf die Größe der Materialien geachtet werden, was hat Platz?).
- Würfelbilder auf Pappteller zeichnen, Kind steckt die gleiche Anzahl an Kluppen bzw. Büroklammern an den Rand des Tellers.
- Anzahl der Würfelaugen, die gewürfelt werden, mittels verschieden farbigen Perlen fädeln oder stecken, so entsteht eine wunderschöne Kette. Die Perlen können dann auch linear gezählt werden.
- Würfelbilder auf die Unterseite von Schuhkartons kleben, auf beiden Seiten eine Öffnung ausschneiden. Kartons nebeneinander wie „Tore" aufstellen. Mit einer großen Papprolle als Schläger versuchen die Kinder mit einen Softball ein Tor zu schießen. Jedes Kind hat z. B. drei Versuche. Die Punkte werden dann zusammengezählt. Wer schafft die meisten Punkte?
- Figur in 6 Teile schneiden, jeder Teil erhält ein Würfelbild – Kinder würfeln und setzen die Figur richtig zusammen. Wer schafft es zuerst?
- Viele Arbeitsblätter mit diesem Ziel als Schwerpunkt finden sich in der Zahlenstraße.

Dokumentationsmöglichkeiten:

- *bearbeitetes Blatt oder Kopie einkleben*

Ich kann zeigen, was mehr oder weniger ist.

- Dinge immer wieder so gruppieren, dass Kinder einen deutlichen Unterschied der Menge erkennen können. Das können die Spielsachen sein, die auf zwei verschiedenen Teppichen, Tischen, in zwei verschiedenen Schachteln ... angeordnet werden. Es können aber auch die Kleidungsstücke der Kinder sein, das gesammelte Material aus der Natur, Verpackungsmaterial, Abfallmaterial ...
- Die Kinder ordnen dann die Dinge so an, dass man deutlich erkennen kann, was mehr oder weniger ist. Diese Gruppierungen können immer wieder verändert werden.
- Symbole für die Begriffe mehr (Glas mit vielen Kugeln, großer Sandhaufen ...) und weniger (Glas mit nur wenigen Kugeln, kleiner Sandhaufen ...) von den Kindern auf Karten zeichnen lassen. Geordnete Dinge in der Umgebung (Schachteln mit Spielsachen ...) betrachten und die Symbolkarten richtig dazu stellen.
- Vergleiche auch in Bezug auf Menge (mehr, weniger), auf Größe und Aussehen (größer, kleiner; länger, kürzer ...), erweitern.
- Zwei Pappteller so mit Materialien bestücken, dass man den Unterschied immer erkennen kann – als Überprüfung Zählübungen, Übungen mit der Waage, mit dem Maßband durchführen.
- Es ist immer wichtig, dass die vergleichbaren Größen auf zwei voneinander abgegrenzten Unterlagen angeordnet werden, um die Unterscheidung für die Kinder zu erleichtern.
- Blumenstöcke mit verschiedener Anzahl an Blüten aufstellen und die Mengenbeziehung verbalisieren. → Abb. 1
- Zwei Seile gegenüber auflegen, an jedes Seil unterschiedlich viele Bänder knüpfen.
- Kinder auf zwei Matten gruppieren – auf der blauen Matte stehen weniger, auf der roten Matte mehrere Kinder.
- Zwei große Bäume auf Plakaten bzw. auf den Wänden gestalten (Baumrinde, Fingerfarben). Auf einem Baum sind mehr, auf dem anderen weniger Blätter.
- Auf einem Baum hängen mehr Früchte (Formen aus Plastilin kneten oder aus Moosgummi ausschneiden), auf dem anderen Baum weniger.

Abb. 1

Dokumentationsmöglichkeiten:

bearbeitetes Blatt oder Kopie einkleben

Ich kann eine Menge in 2 oder 3 Teilmengen aufteilen.

- Mengen immer wieder im Kreis verteilen – jedes Kind erhält eine bestimmte Anzahl. Diese Übung wird dann in der kleinen Gruppe (2-3 Kinder) mit mehreren Dingen geübt. Vorerst eins zu eins Zuordnung, später werden größere Mengen verteilt.
- Kinder hantieren mit den verschiedensten Materialien und verteilen sie auf 2-3 Pappteller, auf Teppichfliesen, auf Schachteln, in Gläsern ... – Diese Aktionen müssen immer verbalisiert werden.
- Styroporabfälle in gleich große Stücke teilen und auf die betreffenden Unterlagen aufteilen.
- Wollfäden so abschneiden, dass auf jeder Unterlage zwei Fäden liegen.
- Kleidungsstücke mit Kluppen auf drei Wäscheleinen aufhängen.
- Knöpfe in drei Socken stecken, die auf einer Schnur hängen – strecken, genaues Zielen beim Einwerfen.
- Tennisbälle – gefräßige Hunde mit Perlen füttern. → Abb. 2
- Aufgestellte Eimer mit der richtigen Menge von Bällen durch Werfen füllen.

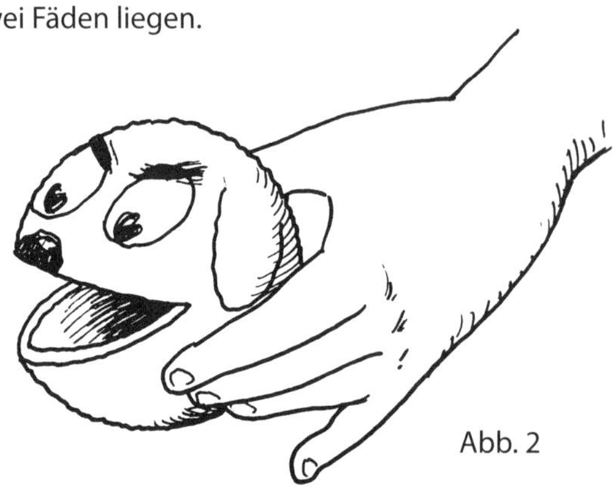

Abb. 2

Dokumentationsmöglichkeiten:

bearbeitetes Blatt oder Kopie einkleben

Ich kann unsere Lieder allein singen.
Ich kann unsere Reime allein aufsagen.

Dokumentationsmöglichkeiten:

- *Audio-Aufnahme*
- *Lied-/Gedicht-/Reimtext einkleben*

Ich kann erzählen, was ich gestern gemacht habe, was ich heute tue, und was ich morgen machen werde.

- Für die Kinder Karten (Kopiervorlage Seite 61) bzw. ein Faltblatt anfertigen, wo sie mit Hilfe von Symbolen und Wörtern die Tageszeiten (Morgen, Vormittag, Mittag, Nachmittag, Abend) klar erkennen. → Abb. 2
- Mit Zeichnungen, ausgeschnittenen Bildern, natürlich auch mit Wörtern bzw. Symbolen diese Karten bzw. dieses Blatt so oft wie möglich neu füllen. Alle Darstellungen müssen immer wieder verbalisiert werden, sodass die Kinder ein Gefühl für diese Zeitstruktur bekommen.
- In der gleichen Art und Weise werden „GESTERN", „HEUTE" UND „MORGEN" bearbeitet. Es wird immer vom heutigen Tag ausgegangen, dann wird Rückschau gehalten. Wenn das funktioniert, wird auch die Vorschau auf das Morgen miteinbezogen. → Abb. 1

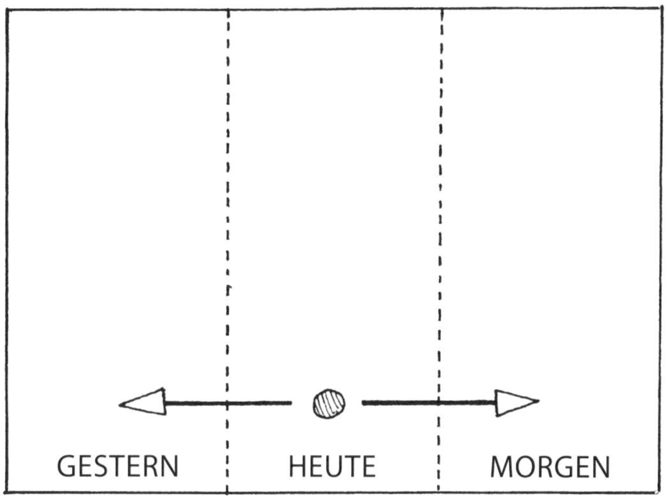

Abb. 1

Dokumentationsmöglichkeiten:

- *Zeichnung über die Arbeit (Faltkarton und Karten)*
- *Audio-Aufnahme*

Abb. 2

Ich weiß viele Sachen wie:
Der Ofen kann heiß sein, ich muss vorsichtig sein.
Wenn die Sonne scheint, dann ist es warm.

- Hier kann mit Bildern und Fotos gearbeitet werden. Ähnlich wie bei Sprachspielen zur Wortschatzerweiterung (vgl. z. B. Sprachkalender, S. 7) sollen die Kinder zu Bildern Wörter finden, die ihnen dazu einfallen. In einem Gespräch können dann dazu Analogien erfragt werden.
- Später werden zu einem Bild passende Bilder gezeichnet oder geklebt und diese dann erläutert – z. B. „Zur Sonne klebe ich eine Badehose, weil wenn die Sonne scheint, ist es heiß und vielleicht kann ich baden gehen."
- Bildmaterial anbieten, das bewusst auch falsche Dinge beinhaltet (KV 3), Kinder schneiden das Falsche heraus und zeichnen das Richtige dazu bzw. streichen das Falsche durch.

Dokumentationsmöglichkeiten:

- *bearbeitetes Blatt oder Kopie einkleben*

Ich kann anderen Kindern Spielregeln erklären.

Dokumentationsmöglichkeiten:

- *Tonbandaufnahme*
- *erklärte Spielregeln (Kopie) aufkleben und die Namen oder Symbole jener Kinder dazu schreiben, denen es erklärt wurde*
- *Foto bei der Erklärung- Spielregel dazu zeichnen*

Kopiervorlagen:

KV 1

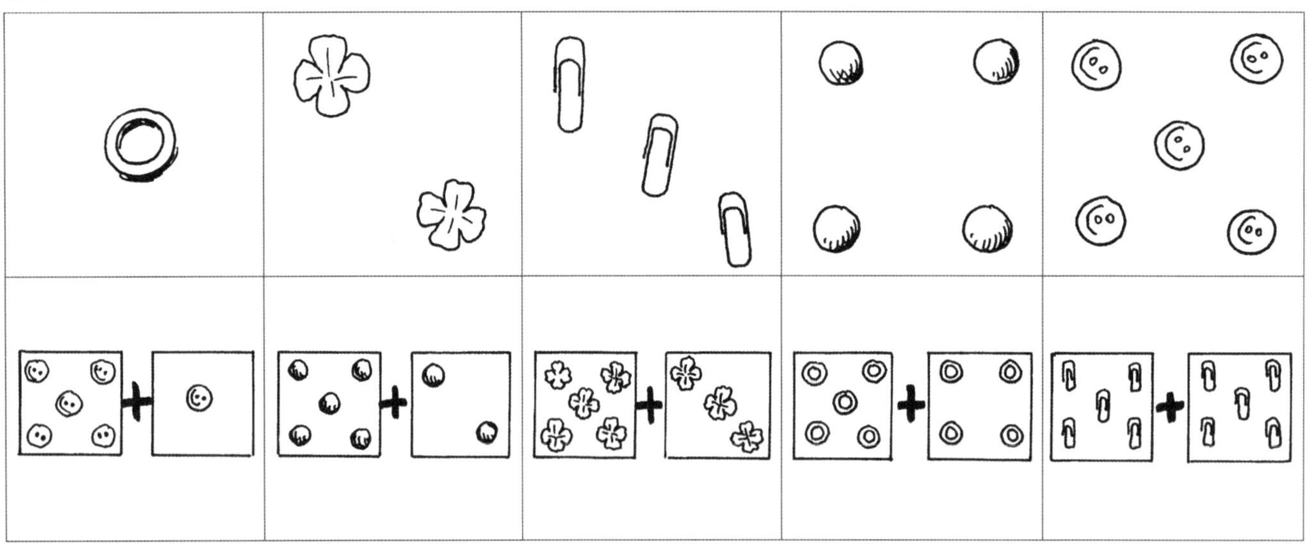

KV 2

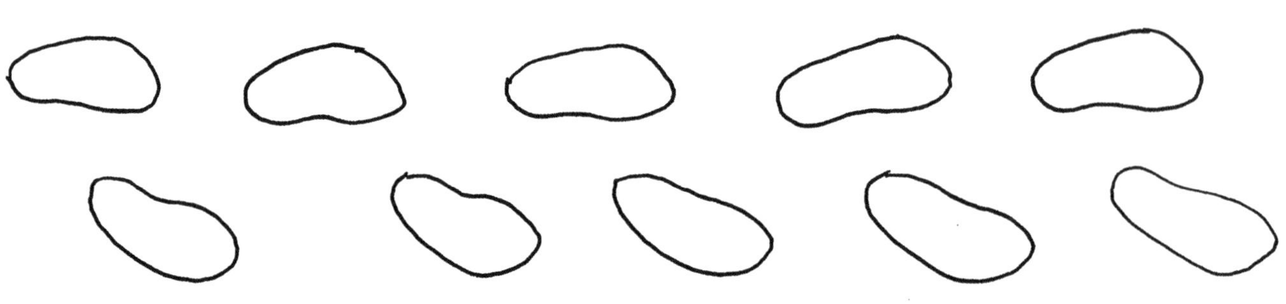

KV 3

Die Kopiervorlage auf der nächsten Seite kann folgendermaßen verwendet und gestaltet werden:

Meine Familie und ICH

Auf diesem Blatt soll das Kind sich und seine Familie darstellen – gerne können die Eltern Fotomaterial zur Verfügung stellen – sehr aussagekräftig wäre so eine Collage mit Fotos, Zeichnungen und Wörter, die genau zeigt:

- Wie viele Personen gibt es in meiner Familie?
- Wie heißen sie?
- Wie sehen sie aus?
- Wo wohnen wir?
- Wer ist wer?
- Vielleicht sogar: Wie alt sind wir?

DAS bin ICH!

Dieses Blatt sollte zeigen, was das Kind alles mag und kann so z.B.

- Das ist meine Lieblingsfarbe: Hintergrund nur mit den Lieblingsfarben großflächig malen
- Das mache ich besonders gern / das will ich einmal werden: Sich selber in der Lieblingsposition, bei den Lieblingsarbeiten bzw. im späteren Wunschberuf zeichnen
- Das sind meine Lieblingssachen: Aufkleben von den Habseligkeiten (oder Fotos davon), die man gefunden hat, die man besonders gern hat, die man geschenkt bekommen hat
- Diese Wörter kenne ich schon: Wörter aufkleben, die man lesen kann bzw. die sehr wichtig sind

ICH freu mich auf die SCHULE!

Das Kind kann ein **Schulblatt** gestalten – über den ersten Schulbesuch, über die Schuleinschreibung, über alles, was damit zusammenhängt.

- Schulhaus: Foto oder gezeichnet
- Lehrerin / Lehrer
- Arbeiten bzw. Testitems, die gemacht wurden
- Namen anderer Kinder oder deren Fingerabdruck
- Buchstabe, Zahlen, die man gesehen und abgeschrieben hat
- Einladungsbrief der Leiterin oder Lehrerin
- Zukünftige Schulsachenliste